臺灣歷史與文化研究輯刊

二 編

第 22 冊

閩臺唸歌研究（下）

吳姝嬙 著

花木蘭文化出版社

國家圖書館出版品預行編目資料

閩臺唸歌研究（下）／吳姝嬙 著 — 初版 — 新北市：花木蘭
文化出版社，2013〔民 102〕

目 2+152 面；19×26 公分

（臺灣歷史與文化研究輯刊 二編：第 22 冊）

ISBN：978-986-322-246-0（精裝）

1. 臺灣文學　2. 說唱文學　3. 文學評論

733.08　　　　　　　　　　　　　　　102002854

ISBN-978-986-322-246-0

9 789863 222460

臺灣歷史與文化研究輯刊
二 編 第二二冊　　　　　ISBN：978-986-322-246-0

閩臺唸歌研究（下）

作　　者　吳姝嬙
總 編 輯　杜潔祥
出　　版　花木蘭文化出版社
發 行 所　花木蘭文化出版社
發 行 人　高小娟
聯絡地址　235 新北市中和區中安街七二號十三樓
　　　　　電話：02-2923-1455／傳真：02-2923-1452
網　　址　http://www.huamulan.tw 信箱 sut81518@gmail.com
印　　刷　普羅文化出版廣告事業
初　　版　2013 年 3 月
定　　價　二編　28 冊（精裝）新臺幣 56,000 元

閩臺唸歌研究（下）

吳姝嬙　著

附錄一　說唱者楊秀卿探訪稿

訪問時間：二○○七年八月三十日
訪問地點：汐止楊秀卿住宅
受訪者：說唱者楊秀卿及其夫婿楊再興 [註1]

吳：您幾歲開始學唸歌？

楊：我十歲開始學。

吳：爲什麼想學唸歌？

楊：因爲我四歲就失明了！我爸爸希望我有一技之長，以後可以養自己，不
　　用依靠別人。一開始我爸自己教我。他拿歌仔冊，一張兩面，叫做一頁，
　　一面有九葩、十葩，看字大小而異。像我們唱「英台送哥」時：「一送梁
　　哥要起身，千言萬語說不盡，保重身體卡（較）要緊，不倘爲妹費心神。」
　　這樣叫做一葩，一葩就是四句，一句四字，一葩是四七二十八個字。我
　　們從前就是用背的。

吳：歌詞這麼多，您怎麼記得住？

楊：我當孩子時智識未開，記不住，才會被處罰。也是練出來的，怕被人打，
　　就要努力背起來。以前我們練歌很可憐，早上天未亮，狗未吠，我們就
　　起床一直唸，好像瘋子。以前當孩子時，學會「山伯英台」，接著學「斷
　　機教子」……，都要背起來。那時我老母（養母）帶我和我大姊兩個，
　　兩個人都是眼睛看不到的。

─────────────

〔註 1〕訪問稿中以「楊」代楊秀卿，「興」代楊再興，「吳」代筆者。

楊：我爸爸四處走透透，賣小孩玩具，到有做醮演戲的地方賣。他希望我學一技之長，但是自己人教，教不來。我爸以前教我「分開和合」、「圓仔配姊夫」、「乞丐開藝旦」，他也教過我很多段，可是我不太愛學，但是，只要我學會了，再久我都不會忘記。我四歲學的「雪梅思君」到現在都還記得。四歲我就開始學唸歌了。

吳：那時是用唸的？還是用唱？

楊：用唸的而已，那時還不會彈琴。那時我都不太愛學，學一學跑去玩，十歲到養母那裏就沒得玩了。開始學歌以後，和我阿姊一起唸，他當男生，我當女生；他當老母，我就當兒子。我們就唸唸唸，有時候我會忘記，跳過一葩，阿姊回家就跟老母告狀，我老母就會拿藤條打我們。

吳：您姊姊就是蕭金鳳？

楊：對，我若跳唱，他也要跳，他很生氣，會去告狀。我老母就會打我，打會痛，才決心要記起來。我老母說：「你要認真學，以後沒人會看輕你、欺負你。」

楊：到了十二、三歲和我大姊一起出去唸，差不多十三歲多我就可以拿琴自己彈、自己唱。叫人家牽我們出去走唱，有時分開唱，有時也會一起表演。從前和平島叫作社寮，譬如說他去社寮，我就去仙洞。你去牛條港，我就去田條港。基隆有四個港口，牛條港、田條港、黑殼港，我們住在石眼港。

楊：到我十三、四歲以後，我們大多各自走唱，我們到台北，一群盲人互相配為一組，賺了錢，回來再一起分。

吳：以前都去哪兒唱？

楊：酒家、菜店、茶店，有時在市場內。

楊：我們走在路上的時候，會撥出叮叮咚咚的琴聲，人家聽到了就會來叫我們唱一段。如果市場生意結束時，賣魚賣肉的小販會各出一點錢來聽歌，說好價錢之後就開始唱。如果唱完想繼續聽，大家就又出錢繼續聽。

楊：工寮、搬貨下船的、碼頭的工人，他們晚上坐在戶外乘涼，我們經過時就叫我們來唱，有時一唱就到半夜，唱了一首又一首。有時要唱長篇如：

「大明節孝」、「王鸞英」、「斷機教子」、「雪梅教子」。

吳：一個故事一個晚上唱得完嗎？

楊：不一定！唱「孟姜女送寒衣」和「山伯英台」有時會唱好幾天。例如「山伯英台」，從「英臺病相思」、「山伯探」、「送哥」、「山伯病相思」、「討藥方」、「山伯死」、「四九報死」一直唱到「英台埋喪」。如果今天沒唱完，會叫我們明天早點來。

吳：一個節目要怎麼稱呼？

楊：就是「一站（tsām）」。如「呂蒙正拋繡球」，就叫「一站」。就是算分段。

楊：以前都是算本，一本、兩本、頭一集、第二集、第三集之類。像「王鸞英」有七集，可是頭兩本比較沒歌仔肉（意指精彩處），沒戲肉，我們就從第三集學起，到殺奸臣為止。歌都是這樣，有奸有忠，奸的來害忠的，忠的就悽慘，一直要到忠的來報仇，奸的被殺死才結束，人說「奸臣若不願死，戲就不願結束」。

楊：現在社會開放，觀念不一樣。上次我唱：「這是上個月的代誌（事情），新聞若有看你就知機（明白），一個查某人吃（活）到三十二，連生七位的子兒，七位子都不同老爸，各位你想看看，這社會哪會不出問題，囝仔要生不要養，生完讓他變孤兒，放給社會來養飼，可憐無辜的孩兒，將囝仔當作無辜的犧牲品，送到孤兒院裡面，這無辜的嬰孩最可憐，奉勸社會的薄倖人，人欲娶妻你嫁翁，孽種不要隨便放，才袂（才不會）造成社會的負擔。」這是我自己作的。

吳：你和姊姊分開，獨自走唱以後，唱到幾歲？後來有錄唱片嗎？我曾經買到一些你以前的唱片？

楊：主要是月球的、黑貓的，月球的比較多。我從四百塊（每張）錄到八十塊為止，我就不錄了。

吳：那時走唱的收入會不會比錄唱片多？

楊：差不多。錄唱片的錢是一整筆的，我若要做甚麼事比較好盤算，以前走唱都是看天氣，下雨天沒得吃，人家若曬穀子時也找不到埕可以唱。我

錄唱片那時已經在賣藥了。那時已經沒在走唱，我二十幾歲就在賣藥，我走唱大約唱到十八、九歲。

楊：日本時代不可以賣藥，路邊也不可以唱歌，我們都是去民家裡面唱。以前演歌仔戲，黑貓雲說，日本人若來了就唱哈豆波波波（日本歌），日本人走了才繼續唱，連戲服都不敢穿，只有化妝。一直到光復後才有「落地掃」，就是站在地上演戲給人看。

楊：光復以後酒家也比較沒生意了。就給人（賣藥團）聘請。

吳：為什麼酒家沒生意？

楊：不敢叫我們。因為外省老闆會罵人，那些聽歌的小姐怕被罵，不敢叫我們去唱。我們才給賣藥團請，到鄉下大埕去廣告，叫大家來看，騙大家來看（意指廣告宣傳誇大），來了才說：「唉呀！被你們兩尊土地公騙了！」

楊：唱歌大家都會唱，但是感情要下去，喜怒哀樂要分出來。「歡喜」，唱到大家有趣味，會笑；「哀」就是「悲」；「樂」，唱到大家心情輕鬆；「苦」的，唱到有的阿婆一邊流眼淚，一邊說：「下次不來看了！」明天卻又來了。感情若放下去，觀眾聽得會上癮。

吳：那時晚上點甚麼燈？

楊：那時已經點電燈了，我們都是跟民家借，再貼錢給他們。那時差不多是民國四十幾年，已經有電了。

興：那時拿五元電費給人家，人家就高興得不得了！有的稱讚我們演得好，還不收電費，還叫我們常來！

楊：那時電費一度才幾角，一個晚上差不多二、三塊，當地人家對我們很好，還泡茶請我們，鄉下很有人情味。

楊：三十幾年前，有一次我去新店那裏錄一張唱片，本來要錄四片，他叫我錄二片就好，我說：「至少錄三片，要就快，不要耽誤我時間。」他不要，我就算了！那天晚上我去擺賣藥團，人說：「冬天看海口，春天看田頭」，本來下雨，我們一到雨就停了。東西一擺下去，人很多，主人（表演場地的地主）幫我綁旗子、拉電線、擺樂器。

楊：以前我們走到哪裡大家都很疼我們。

興：我們出門要謙虛一點。

楊：唱片都錄一下、錄一下而已（意指非持續性）。後來藥物管制，大約我四十幾歲，三十多年前，要有攤販牌才可以賣藥，要不就要去開西藥房，路邊抓到要罰錢的，賺不夠罰錢，後來就收起來，才去電台。在電台是領薪水的，生活比較安定。那時金子一錢約二百多，我一個月可以賺三四兩，約一、二萬塊。

楊：賣藥不是不好賺，可是要看天氣，下雨就沒得賺，演到一半，下陣雨，人就散了。遇到失火、辦喪事、婚事，人就跑光了。

楊：後來我們成立自己的賣藥團。在林口那裏的生意很好做。

吳：為什麼林口的生意比較好做？。

楊：因為比較沒有人去。我們就一庄一庄的去，在烘爐那裏，七號，是大家族，一家人很大家，隨便都三、四十個人咧。我們賣驅寄生蟲藥，以前鄉下人隨便吃，番薯半生熟都吃，所以會怕有寄生蟲，驅蟲藥賣得非常好。他們買好多，光七號房子我們就賣了近千元。

吳：一天唱幾個地方？

楊：一個而已。傍晚，在一個地方而已。一個地方賺個幾百塊就很好過生活了。

吳：就是自己唱，藥也自己賣，不用跟別人分？

楊：對！

楊：我們兩個人而已啊，好壞都是自己的，賠錢也是自己賠，賺錢也不用分給別人，很簡單。

楊：去外地的時候就跟人家借房間，我們都固定在一個地方，比如說到汐止，我們找一個地方住，然後從汐萬路一段、二段、三段唱下去，等附近都唱完了，再移到別的地方。

吳：您們交通的問題怎麼解決？

楊：以前都叫三輪車，我們兩個，一台三輪車剛好。

吳：三輪車的司機都跟您們一起去做生意嗎？

楊：對啊！幫我們拿藥給人家，如果我們今天賺得多，分一點給他，他就高興得不得了了！他就跟我們一起出去表演，幫忙弄場子啊！我們表演他

就在旁邊看，有時候幫忙分說明單給人家，幫忙分藥粉請客人，也會幫忙說明，有時候也學得很行咧！

興：有一次，有一個老闆帶了好多錢，問我「全部的藥總共多少錢？」我說：「九百多塊」，他把全部的藥買下來，規定每個工人拿一罐，再從他們的薪水裡扣錢。然後叫我們一直唸下去，不要休息。

吳：以前有沒有用麥克風？

興：有啊！

楊：以前九份大粗坑那邊都是金礦，我們在小粗坑那裏也是唱好久，還有雙溪、大里港啦。

吳：以前您們到處唱，南部有去嗎？

楊：有，大部分還是在北部，南部比較少下去。

楊：這就是有時候跑這，有時候跑那，久一點也是會再跑回來。

吳：有沒有遇過原住民？他們會來聽嗎？

楊：他們聽不懂，我去南澳那裡，那裡大部分都是原住民，都說日本話。看是也會看，聽聽節奏，但是只買小樣的東西，像萬金油或八卦丹。

吳：有的人說「歌仔」，有的人說「唸歌」，您說哪一種呢？

楊：我也是說「唸歌」，但是，二種都可以。

楊：從前都說「唱歌」、「唸歌」，現在的人都說「說唱」，說說唱唱，唱歌之外還有口白，好像一邊說一邊聊天。

吳：以前有口白嗎？

楊：以前沒有，隨歌仔簿一葩一葩一直唸下去。歌是活的，你要唱甚麼調就唱甚麼調，一條歌我可以唱「江湖調」、「都馬調」、「七字調」都可以，七字挑得平，四句挑得正，甚麼調都可以，跟流行歌不一樣。我們這種比較單調，要唱高一點，弦就調緊一點，要唱低一點，弦就放鬆一點，和樂理的半音全音不一樣，我們是看弦調得緊或鬆。

吳：楊老師唱歌唱到幾歲才比較沒唱？

楊：我被人請去唱歌時唱到十八、九歲，後來被請去唱賣藥團，二十多歲時認識我先生，後來結婚有了小孩以後我們就自己賣藥，小孩長大，實施

藥物管制，就去電台唱了。

吳：您有沒有算過總共會唱幾種唸歌？

楊：無法算啦！

興：那太多了！

楊：台中錄二、三年都沒再更新，那個老闆是歌仔販、電台販，錄的節目有布袋戲、歌仔戲，還有我們這種民謠，電台需要那一種節目就會去跟他租錄音帶。

楊：我在那裡大約錄五、六年，沒有再更新。我唱「陳杏元和番」、「孟麗君脫靴」、「昭君和番」、「五虎平西南」、「薛仁貴征東西」，就已經唱不完了。那都是長篇，一條歌唱一整個月唱不完，那是長篇的。像「山伯英台」全篇五十幾本，那要唱約一、二個月。

楊：慢慢錄，不能快，要不哪有那麼多歌。老闆跟我說：「你不要唱那麼拖戲」要我唱快一點。

楊：台中的老闆叫孫正明。

楊：我喜歡聽布袋戲、廣播劇、報新聞，有時會把新聞拿來做材料，如：「這是上個月的事代（事情），新聞有看你就知，現在孩子不知存著啥心態，讓你摸也摸不到，猜也猜不來，看你嘛看母（不）知。十九歲的孩子就想造立門戶設幫派，吸收一些小孩子，十三歲起到十八歲止，剩下的他就攏（都）不要。這款（樣）實在是太亂來，你想看嘜，十九歲孩子就想跟人當流氓，這是存著啥心態，攏不能感受到老母啥款（怎樣）的心肝。奉勸諸位囡仔哥（年輕人），歹路咱就毋通（不要）走，歹子絕對毋通學，流氓毋通想要做，一生前途才未無，你就想咱老母十月懷胎，生咱、育咱、養咱、讓咱讀書，小時苦你不快大漢，大漢你倘會知恩報本，咱人倘要知恩報本，毋倘（不要）不孝絕五倫，人生就要從孝順，人說，有孝二字天報恩，做人就要順天理，毋倘不孝忤逆天，人若是會從孝義，到來總有出頭時。」我就是將新聞作成五葩歌。

楊：我聽新聞覺得不錯的材料就編成歌。

楊：以前我在圓環讓人請唱歌，也是賣藥，都是就地取材。我下午去大中華聽歌仔戲，晚上就在圓環唱給人聽。

吳：編一段歌這麼快啊？

楊：對啊！別人說：「你怎麼這麼快？下午去看歌仔戲，現在馬上就會唱。」
我說：「對啊！沒辦法！要不，沒歌可唸。」

楊：那時年輕，頭腦比較清醒，說一知二，男主角、女主角叫甚麼名字，在
什麼地方、姓名絕對不可以忘記，至於其他的部分，就像煮菜，要放甚
麼湯頭，隨便你放，你要放鹽、放糖、放醬油，隨便你放，就看你覺得
要放什麼，口味才好。歌也是這樣，要想如何唱？怎麼唱？讓人家聽起
來感覺很好聽，聽得會入迷，會從家裡帶凳子來坐，這就叫做就地取材。

興：有的客人，一邊聽一邊哭，哭一哭說：「傻女人（指女主角），明天不來
了！」，可是，明天晚上他的椅子卻放在最前面。

吳：以前唱歌時，中間應該要休息吧？

楊：大約四十至五十分，要休息一段時間，讓他們去廣告。廣告到人客要買
藥了，買一買，我們再繼續唱！我們會說：「不要讓你們等太久，你們邊
買，我們邊唱。」他們說：「好啦！好啦！你快唱！我幫你找人來買。」
要我們趕快唱。

吳：楊先生甚麼時候開始學大廣弦？

興：我沒有學，自然就會。

楊：他有天分，不過要老師點撥才會開竅。

吳：您唱歌有口白，這是您自己想的？

楊：對！自己想的！

吳：那時沒有人這樣唱？

楊：對！因為我們一直唱有人會聽不懂，我就想說稍微解釋一下，唱一下，
說一下，人家比較聽得懂。後來客人說：「對呀！你這樣唱，我才聽得懂。」

楊：我們在美國唱了三十幾州，有的歌迷跟著我們走。有的歌迷會問說：「老
師你怎麼唱跟昨天一樣的？」我才知道他每天都來，我就連著昨天的內
容繼續唱，唱不一樣的內容。

附錄二　說唱者王玉川採訪稿

訪問時間：二〇〇七年八月二十五日
訪問地點：板橋王玉川住宅
受訪者：說唱者王玉川

吳〔註1〕：您幾歲開始學唸歌？

王：十八歲。我那時候十八歲，剛開始是學子弟戲。

王：子弟戲不是要來賺錢的！如果村子裡有需要時才演出的，叫子弟戲。

王：我是新竹人。

王：那時候村莊的人在學子弟戲，我剛剛十八歲，好奇想學，跟我父親說我想去學子弟戲。那時候拜先生（老師）要兩元，跟父親拿錢，他回答我說：「學什麼子弟？你這個閒哥仔子！」

吳：什麼是「閒哥仔子」？

王：「閒哥仔子」就是四處放蕩，只會吃飯不知道家裡生活不好過的人叫閒哥仔子。父親說：「你這個閒哥仔子，學什麼子弟戲，還不快去撿柴！」就沒法子學了。那時到了大約到晚上七點多，學子弟戲的人開始打起鑼鼓。沒有拜師的人不能靠近他們，他們會用長板凳圍起一個範圍，我在板凳外面看他們學戲，那時候學戲的人約有二、三十個人，我在旁邊聽著聽著，常常他們還沒學會，我就先學會了。那時候沒有錄音機，只能聽老師唸，老師唸什麼我們就跟著唸，我又不識字，但大概是天分的關係，

〔註1〕文中以「吳」代筆者，「王」代王玉川，「曹」代筆者友人曹欣茹。

別人不會我卻先會了。裡面有一個人叫瘦四，我去他家找他，跟他借月琴彈彈，他說：「你沒學過，你會嗎？」老師教的譜我都記在頭腦裡，我就拿了他的月琴來調音，他說：「阿川！你怎麼這麼聰明，無師自通。」後來我常常去找他彈月琴。有一天，他們在上課，有一個彈月琴的人沒來，瘦四就說：「阿川，來彈一下。」我一彈下去，老師就張大了耳朵、盯著我看，驚訝的問：「你叫什麼名字？你怎麼沒來學？」我就說：「我沒有兩元啊！」

吳：那時候兩元很大嗎？可以買什麼？

王：很大，差不多可以買兩百斤的蕃薯。

吳：那時候是民國了嗎？

王：剛光復沒多久，民國了，那時候兩元還是日本錢，還沒有換新台幣。

吳：那時候國民黨來了嗎？

王：來了，民國三十八年以後才有新台幣，剛開始是一元日幣換一元新台幣，後來就變成四萬日幣換一元新台幣了。

吳：後來老師怎麼說？

王：老師說：「你來學，我不用收你的錢，下課時你幫忙收收椅子就可以了。」我很高興！就開始學了。一館是四個月。

吳：一館是一期的意思？

王：對！一館四個月，兩館就是八個月。到第二館我就都會了，但是一樣每天去上課。

王：我會踏入江湖的原因，是在我大約十八、九歲時，有一個賣藥團到我們庄裡賣藥，他們找了小姐來唱歌，但是沒有人會拉弦仔和彈琴，我看沒有人會拉，就跑回家去拿弦仔幫他伴奏，那晚生意很好，收場的時候老闆拿五塊給我，那時候我一天的工資約七塊，那天晚上就拿了快一天的工錢，老闆叫我隔天再來幫忙。我連著做了三、四天以後，他們要換到比較遠的地方，才沒去做。之後如果有賣藥團缺拉弦的人，我就去幫人家拉。

王：後來我就娶太太了，我太太會唸歌。原來我和我太太在玻璃工廠工作，後來賣藥團請她去唸歌，之後又到臺北唸，當時我還在新竹工作，偶爾

會上臺北找我太太。賣藥的都要拜老師，我拜了一位老師，那個老師在
基隆做，起先他不知道我會拉和唸，有一天晚上要出場，我太太叫我拿
大廣弦一起表演，那晚的人很多，生意很好，我的老師很高興，跟我說：
「你玻璃工廠不要做了，出來賣藥吧！」，叫我留下來。那時候玻璃工廠
一天賺十塊。我才開始跟我太太出來唸歌、賣藥，一直流浪到現在。

曹：是這個玉川嬸嗎？

王：不是！她死了。我們開始流浪以後，一庄走過一庄，南北一直跑，賣了
　　差不多三、四年才開始唱歌仔戲。

吳：兩邊都做，歌仔戲也唱，賣藥也唱？

王：賺食人（即討生活的人）也要賣藥、也要演歌仔戲、也要出陣頭〔註2〕。
　　就這樣一直做到現在了，所以我走江湖的起因就是這樣，就沒有再做其
　　他的工作了。其他的工作我做不合啦！我也去做過生意，不合。

吳：天生的喔！您就是想學這個，想做這個？

王：對！就這樣一直拉、一直做，這個藝界喔，不會讓我們很有錢啦！幾千
　　萬沒有，節儉一點，要買房子或做什麼就有了，就這樣把小孩養大。

吳：我上個月到紅樓去看玉川叔表演，您唱「勸孝順」，我聽了好感動。

王：「勸孝歌」，以前學的不是這個，這是後來又編又改過的。以前我們唱的
　　是「周成過台灣」、「三伯英台」、「陳三五娘」、「呂蒙正拋繡球」、「薛平
　　貴王寶釧」、「李三娘」、「通州奇案」、「鋒劍春秋」，以前都唱這種的。

王：我和我太太，一唱下去都是一個多月的。

吳：兩個人一起唱嗎？

王：不是，他彈月琴，我拉大廣弦，故事一直唸下去。他當（扮演）什麼，
　　我當什麼。現在聽不到了啦！

吳：兩個人都唱，你也唱，他也唱。你們怎麼知道輪到誰唱？

〔註2〕 教育部閩南語辭典：「陣頭，tīn-thâu。遊行隊伍。民俗節慶時，參加表演的業
　　　　餘樂團或遊藝團體。臺灣地區廟會時，常見的「陣頭」有「南管」（Lâm-kuán）、
　　　　「北管」（Pak-kuán）、「宋江陣」（Sòng-kang-tīn）、「車鼓陣」（tshia-kóo-tīn）、
　　　　「蜈蚣閣」（giâ-kang-koh）等。」

王：這個故事都是已經知道的，很自然的啦！

吳：故事要長要短都很自由嗎？

王：當唱到正好聽的那一段時，就會中場休息，先賣藥，賣完再繼續唱。

吳：就像現在的電視，節目正好看時就會進廣告。

王：對！賣一賣再唸下去！有些客人會說把藥都搬出來，說：「我全買，你不要廣告藥品！」，叫我們一直唸下去。

吳：您那時候在哪裡表演？

王：全省都有，基隆、宜蘭、台北、桃園、南部都有。

吳：那時候全台灣唸歌的賣藥團很多喔？

王：很多喔，那時候政府有發「成藥許可證」，這支牌拿到可以聘用八個人，台灣全省都可以賣，到各地後，要去派出所登記，登記後就蓋一個章給我們，第一次可以申請三天，第二次去如果要請五天，他們會問說怎麼要這麼多天，知道因為生意不錯才要請這麼多天，就會給我們，五天過後就再申請一個禮拜。你只要不違法，請幾天都沒關係。

吳：藥隨便您賣嗎？還是有管制？

王：有喔！要內政部的許可證才可以賣，沒有內政部的許可證你被抓到就麻煩囉，有時候當場會來查。賣藥的時候最怕人家吵架、打架，一般來說不會這樣，我們到哪一庄賣藥，大家都很照顧我們，人家都會說你們出外人來到我們這裡，就是客人，特別照顧我們。有時候晚上跟人家借電火（電燈）來點，表演結束，要拿五塊電火錢給他們，他們不但不收，還泡茶給我們喝。出外做生意禮貌和衛生很重要，表演結束我們會趕快拿掃把來掃，有時候他看我們結束後在掃地，還叫我們趕快回去休息，他們掃就好。但是如果他們愛聽歌，我們也會免費唸給他們聽。

吳：電視出來以後對賣藥團有影響嗎？

王：電視出來後生意就比較差囉！

吳：差不多民國幾年的時候？

王：民國四十多年的樣子！電視出來後生意就不好囉！電視剛出來還能賣，一直到十幾年前才沒賣。

吳：十幾年前還在賣呀！那時去哪兒賣？

王：鄉下、夜市、公園啦！公園都做白天比較多，利用清晨大家去運動的時間，做一兩個小時就休息了。

吳：都在哪裡比較多？什麼公園？

王：台北啦、三重啦、桃園啦、中壢啦這都有去。

吳：您記得台北哪些公園嗎？

王：台北青年公園也賣過，桃園文昌公園、三重大同公園、三重水流公園、中壢什麼公園我也沒注意。

吳：這幾年公園比較多就是嗎？

王：公園也有，鄉下也有。

吳：鄉下曾經去哪裡？

王：台北縣、宜蘭、羅東、蘇澳都有。我賣到十多年前就休息了。

王：我和陳美珠〔註3〕，一起賣了二十多年。

吳：你們兩個是搭檔。

王：我們賣了二十多年，甘苦糖和苦茶糖我賣了很多，一塊五元，一罐賣一百二。

吳：歌都是您自己編的嗎？

王：不是！也有古書的？

吳：您平常也看書？

王：不！我不看書，我不識字，如何看書？

王：我們拜唸歌的老師，他肚裡也沒有多少東西，例如有十簿歌，十簿歌就是十個故事。

吳：十個故事，例如說李三娘、陳三五娘，這樣分別算是一簿？

王：對！例如一簿歌，老師會分成三段，分別教給三個徒弟，三個人分別學會頭段、中段、尾段，三個人私下再互相交換。

吳：你們算師兄弟嗎？

〔註3〕知名說唱者，1937年生，新竹人。

王：不是師兄弟。就是老師想賺錢，他把歌分成兩三段來賣。

王：我不喜歡出版的歌仔簿，那種就是比較「粗走」。

吳：什麼叫做比較粗走？

王：就是很多人唸。

王：同樣一簿歌、一個故事，我唸的和你唸的就是不一樣，我的比較好別人比較喜歡聽，你的比較差人家就比較不喜歡聽，所以我走我的，你走你的。

吳：就是說一簿歌大家都會，但是每個人唱得都不一樣。

王：那個就叫做「欠頭」，「欠頭」瑞珍還不會咧！唸歌不是四句聯這樣唸一唸而已，不是呢！我們是唸到會站起來揮舞，如果只是坐著唸一唸，人家聽不下去的。我們是唸到會有動作的。這就叫「欠頭」。

王：我們唸歌會變化，現在唸跟明天唸我們的動作、欠頭又都會不一樣，因為我們唸歌的人都要人氣，人一多越唸越會唸，變化越多，如果人少，小舞台，你要變化也沒辦法，人一多喔，唸到會爬起來跳喔！

吳：掌聲也很迷人喔！人一多，唸起來欠頭也不一樣喔！

王：欠頭如果做不漂亮也不會好聽，唸到會軟，唸到苦的，要唸到聽的人眼淚要滴下來，那才是成功。

王：我們以前是比較辛苦，我都沒有收半個徒弟，有很多人要跟我學，我都不要，學這個出路不好啦。如果我教妳，你日後無法支持家庭，就會失敗。我這個是以前學的，我學到每樣都會，吹古吹、打鼓、拉弦仔，或是唱，我都會。

王：前場、後場我都會。前面演的叫前場，後場就是拉弦仔、打鼓，我年輕的時候就是前場，現在我的腳沒力了，沒辦法，不然我都會。現在我看到人家跑馬的，我就想：「你們像在騎牛咧！」動作都不一樣了！女生跑馬有女生跑馬的腳步手勢，你演小旦跑馬，就是小旦的腳步、要秀氣；男生跑馬，例如武老生那隻馬出來就是乒乓叫，那叫武戲，現在都沒人會了。

王：老師教我們的是一個皮而已，其中我們自己再變化。這個歌要把它抽長或變短，抽長比較困難、截短比較快，例如這個戲要演三個小時，前面兩個小時過去了已經沒戲了，剩一個小時要怎辦？一場戲的時間不夠怎辦？時間要拖長，抽長比較困難，截短比較快，截短就看到哪裡把它折斷就好。

吳：像你們在唸「陳三五娘」，裡面有很多角色，如果您要唱陳三，您要說我是陳三嗎？

王：那都有名字在的啦，所以以前的人會聽歌的人是要聽名姓，有名才知道是什麼人，沒有名姓，他是誰人家就不知道，所以要有一個名，例如呂蒙正、薛平貴，一個名出去，人家就知道這是誰。

王：我是聲音不好了。以前聲音很高，醫生說我喉嚨長肉要開刀，我不要開刀，才不能唸的，唉！

王：我和美珠在賣藥的時候，二十幾年都是我在唸，我唸的人家比較喜歡聽，因為我的歌比較逼真，我們這種歌跟流行歌不一樣，流行歌是有音樂配唱伴奏，然後聽他的歌聲會軟；我們這個不是，唸歌就是要聽詞，這個詞一直唱下去，故事一直說下去，讓他的耳朵一直一直聽下去，唸歌是要聽這個。要變調你會比人家流行歌更會唸嗎？不可能嘛。所以唸歌就是要聽詞，詞最重要。

吳：邱鳳英以前也是在賣藥團嗎？

王：都是在賣藥。

吳：為什麼他以前錄了那麼多唱片？

王：他是賣藥出身。那時候有人要叫我錄我都不要。

吳：為什麼？

王：因為那個都沒多少錢。那個我們叫「放部頭」〔註4〕，我不要！

王：錄了唱片以後，大家都聽唱片，賺的錢都是唱片公司的。之後我在外面

〔註4〕意指絕學外傳。

唱這個歌，就沒人要聽了，也賺不到錢，這叫「放部頭」。會守的人都不要放出去。（「放部頭」意指將絕學外傳。唸歌錄成唱片即是「放部頭」，將會導致現場的說唱失去新鮮感而流失觀眾。）

吳：你們和陳玉絲以前都在一起唱嗎？

王：我們很熟的。

吳：你們有賣過歌仔簿嗎？

王：不曾。他不要。

吳：你們沒有賣歌仔簿，但是聽說以前也有人一邊唱歌，一邊賣歌仔簿？

王：有！以前有一個很出名叫「陳清波」。

吳：有聽過。他後來是不是有編一些歌？

王：陳清波是編歌仔簿。

吳：他有唱嗎？

王：他沒唱，他都在作歌。

王：我的老師在艋舺，艋舺鬍鬚先。

王：姓李的老師叫李新發，是唸歌先，他們都回去（去世）了。

吳：唸歌先的意思是？

王：以前在唸歌拉大廣弦的人。

王：我也是唸歌先。

吳：您也是。他也是。

王：他是上一輩的。

王：那時候就是艋舺鬍鬚先、李新發，萬富先，這些都死了。像石春、阿留，我們都曾經住在同一個旅社。

吳：你們住同一個旅社，不就在同一個地方表演？

王：今天住同一個旅社，明天再各自出門表演。一人去一個地方啊！

吳：唱的方法、音樂、表演的方式都不一樣嗎？

王：都不一樣。石春、阿留夫婦，石春拉大廣弦，阿留彈月琴。

王：阿留眼睛看不到。

吳：說「唸歌」、「歌仔」都可以嗎？

王：一樣。意思一樣。

吳：您說哪一個？

王：我也說唸歌。唸歌，唸歌先。

吳：我在書裡看到以前有「歌仔館」。

王：那個叫「撿錢」。有椅子給你們坐，不用買票的，唸歌唸一段後休息，看
　　你們要給多少，十塊或五塊都可以，有點像現在的街頭藝人。

吳：你們那個時代還有歌仔館嗎？

王：有。

吳：你們會去歌仔館唱嗎？

王：如果下雨沒生意可做的時候可以去歌仔館唸。

吳：您也去唸過？

王：對。以前有「唸歌間」和「講古間」，講古給人家聽，說一段故事就要收
　　錢，之後再繼續講。

吳：這種地方很多嗎？

王：不多。都市才有，沒幾處。

吳：台北哪裡有？

王：台北圓環？

吳：那裡有給人家喝茶或吃飯的嗎？

王：沒有。

吳：就只有聽歌？

王：對。坐著聽唸歌，如果聽了一段以後你還要聽，撿錢時你就多少給一點
　　錢，不勉強的，你如果沒拿給他，他也不會一直跟你要。

王：賣藥是比較正常的收入啦！

王：如果不要下雨，藥就加減賣、加減賺。

吳：星期天休息嗎？

王：沒有。賣藥沒在分星期天的。每日早場、午場、晚場都可以做，一天三
　　場都可以做。我也曾經一天做三場，我和陳美珠從台北下去大甲，再從
　　大甲到新竹，再從新竹回來中壢，這樣做三場。

王：陳美珠的喉好，唸的好聽。現在還有一個○○玉、現在還在唸喔！現在在
　　電台唸。

吳：幾歲？

王：五六十歲。

吳：算是年輕的

王：他是最晚輩的。

吳：在什麼電台？

王：不知道，我聽過。

吳：你覺得她唱得好嗎

王：不錯。她都唱低音的。

吳：她都唱一些勸世的還是故事的？

王：她都唱故事，故事很多。

王：呂柳仙那時候都是給人家請的。

吳：給誰請。

王：賣藥的老闆請的。

附錄三　說唱者鄭來好採訪稿

訪問時間：二○○七年八月二十一日
訪問地點：臺北雙連鄭來好住宅
受訪者：說唱者鄭來好

吳〔註1〕：您是民國十六年生的？

鄭：那是日本時代，昭和三年。我是新曆十月十四日生，農曆九月生。

鄭：我很歹命。出生在三峽山上的窮人家，三歲就以三十二元的代價送給人
　　家當頭對（童養媳），到桃園大南那兒，我是送給人家以後五歲時因為出
　　麻疹眼睛才看不到的。阿公知道我失明以後叫生父把我贖回來。阿公很
　　疼我，堅持要讓我去學功夫，後來到十二歲時才又給人領養，才去學歌
　　的。

鄭：後來就出來跟人學唱歌，學歌很累！小時候都是硬拉的，拉得手都脫皮
　　了！養父帶我們去聽前輩唱歌，像石春（陳石春），他們會滾歌，學他們
　　怎麼唱，如女生怎麼唱？男生怎麼唱？還要幫他們煮飯。

吳：後來帶您學唸歌的養父母住哪裡？

鄭：台中豐原。冬天就去下港（南部）唱，夏天就到北部的臺北縣和宜蘭。
　　那時候是日本時代，我們唱的是歌仔戲調，像「孟麗君脫靴」。以前我養
　　母教我們一條歌，我們學了以後就要懂得變化。我養父認識唱曲盤的人，

〔註1〕文中以「吳」代筆者，「鄭」代鄭來好。

如果我們到北部，會請他來教我們，現在流行什麼調就會教我們。

吳：唱曲盤的人叫什麼名字？

鄭：那些都不在世了，如柳仙仔（呂石柳），他在台中錄音，五十幾歲就過世了。

吳：教您唱歌的老師是男生還是女生？

鄭：都有，都過世了！彈月琴和大廣弦的都有。石春、阿留很早就過世，來予仔，女生，曲盤只唱一點就去按摩了，條生仔、成仔，那些都過世了！那是四處唱的，沒有錄曲盤。

吳：大多在哪兒唱？

鄭：坐三輪車在街上繞，人家要聽歌就拿錢請他們唱。以前都是算角的，例如你出三分，我出三分，以前差不多一角就可以唱了！我剛出來時，只有五分，我養母也讓我去唱，但是一般來說至少要一角。

吳：那時您幾歲？

鄭：我差不多十二歲才出來唱，那時是日本時代，剛出來唱，還不太習慣，常常一個人坐著，很無聊。

吳：您現在最喜歡唱哪一首歌？

鄭：我現在唱膩了，每一首我都不喜歡。

吳：有沒有那一首歌比較受歡迎，或比較賺錢？

鄭：每條歌都賺錢，既然有出去唱，每條都有賺。以前唱歌很累，一大早八、九點就出門，四城門繞透透，晚上十一、二點才回來，有時連吃飯的時間也沒有。

吳：您學了幾年歌？

鄭：那時候一邊學，一邊唱。跟人家出去唱，聽到好的就學。十五歲時生意已經很好了，我大姊比較早出來，我是十二歲出來，後來生病回去一段時間，十三歲才專心學。大姊也是分來的（領養的），和我湊一對。以前都是一對一對唱的。她拉弦，我彈琴。

吳：後來戰爭期間，您們還可以唱歌嗎？

鄭：是不可以唱的。如果巡察的人沒發現，我們也是這樣唱。我們去臺南唱時，唱整段的，如果沒來巡，我們就下去唱，如果巡察的人來了，就會有人通報：「琴仔快拿去藏。」

吳：您們以前在哪兒唱？

鄭：下午的時候在菜市場唱。那時候沒有歌仔戲，也沒有賣藥，只有唱歌和講古。

吳：什麼時候才有賣藥團？

鄭：那是光復以後了。剛光復時可以賣藥，還沒有電燈，都點電火土來唱。二二八事件發生後不能唱，人都捉走了。

吳：日本時代您在菜市場唱歌？

鄭：在像現在的茶店，很寬敞的，可以坐一整屋子的人。講古、撿錢（指由觀眾隨意付費的收費方式），以前老人家閒閒無事，就出來看，一次丟五分就很多了。例如我們唱二、三個小時，約半小時撿一次，總共揀了五回。對老人家來說就像看電影，花個三角就可以度過一下午。老人家如果聽得喜歡，還會帶我們去他家唱，左鄰右舍，你出一角，我出一角，一元多就可以唱整晚了。

吳：您都什麼時候去唱？

鄭：不一定，如果遇到「鬧熱次」（lāu-jiát-pái，迎神賽會時），要請客，雞、鴨殺很多，豬肉買很多，要花很多錢，就要一大早出去，多賺一點，才夠請客。「鬧熱次」現在沒有了，以前每年五月十三城隍生啊或什麼神明生日，都要請客，請來請去。像呂柳仙愛喝酒，會四處去喝。

鄭：如果去臺南賺錢，他們若請客，就會請我們。他們養蚵仔、蝦仔，叫我們去吃，或拿給我們吃。住就住旅館，賣鴨的、賣藥的，都會去住的地方，從前做生意不像現在開店，以前都是挑擔子四處去賣。

吳：您唱些什麼故事？

鄭：勸善的我也唱，例如勸人勤儉。故事的也唱，例如「呂蒙正」、「紙馬記」、
　　「孟姜女」、「姜女送寒衣」。

吳：「孟姜女」是不是很長？

鄭：要唱很久，如果價錢好，我們就唱長一點，如果價錢少，我們就唱短一
　　點。「麻糬手來出」，要大要小都可以啊！

鄭：「孟麗君脫靴」很長，很多人愛聽，愈唱愈好聽。歌仔戲同樣唱這一段，
　　我們在外面賣藥，也唱這一段，他們的戲都沒人看，反而要跑到我們這
　　邊發傳單。

吳：這是光復以後的事？

鄭：對！以前做生意很辛苦，歌仔戲會趕我們、黑道要敲竹槓，要不就打架、
　　打壞東西。

吳：有沒有去電台唱？

鄭：電台有很多人來叫。那時已經有電視了，有楊麗花啦！好幾個團在電視
　　播，唸歌比較沒人聽。

吳：那時民國幾年？您幾歲了？

鄭：不知幾年。我差不多三、四十歲了。那時唱流行歌、跳舞比較有人看，
　　我們就沒出來了，電台叫我們去唱，我大姊不要，就沒出來了，後來就
　　去按摩。

鄭：光復後我們在圓環那裡唱。圓環是在我們那時熱鬧起來的，我們從前在
　　那賣藥，很多人在那賣衣服、賣酒。

吳：您認識楊秀卿嗎？

鄭：他小孩子時我就認識了。他養母和我養母認識，她母親會唱，聲音不錯，
　　她的歌比較不多。我們和阿留相處時，楊秀卿還很小啊！

吳：楊秀卿唱歌有口白，您們有這樣唱嗎？

鄭：有啊！我們以前也這樣唱。孟麗君的丈夫要出來和她相認，就說：「我是

你的老師，你敢胡說，我要稟奏皇上，叫他處斬你。」他就不敢說。以前我們很受歡，唱得很湊句（tàu-kù），很有意思！後來她有一幅人像，她的丈夫看到和她長得一樣，但是那時她當了相爺，變成她丈夫的老師。晚上丈夫要和她相認，她不要，因為那時候皇帝愛她呀！她哪裡敢承認。這一段歌是我自己編的，唱得很湊句。下午要唱，透早就要想。我們早上、下午、晚上都要唱，老闆會利用空閒時間講故事給我們聽。

吳：那時要自己編歌？

鄭：對！

吳：那時您和您大姊輪流唱嗎？

鄭：對，一個扮男生，一個扮女生。

吳：如果角色很多怎麼辦？

鄭：也是這樣唱。

鄭：我要說的還很多，就像說：「話若說透機，目屎就撥未離。」〔註2〕我的人生很艱苦，艱苦也要忍下去。

〔註2〕意指若要詳述，將會悲從中來，淚流不止。

附錄四　《山伯英台》歌詞（楊秀卿演唱）

　　楊秀卿演唱〈山伯英台〉，楊秀卿自彈月琴，夫婿楊再興大廣弦伴奏。（筆者於二〇〇七年八月三十日至汐止楊秀卿宅採訪）

（白）越州才到武州城，風吹柳葉心頭酸，安人伊知我子轉（返），差婢接子入後堂。

（母）老身看子心頭酸。唉心肝子！你去讀書是桃花面，爲何轉（返）來面青黃。

（山）母親啊！山伯我跪落拜母親，阿母不知子的原因。

（母）那是當然囉！你若不說，我怎會知道呢？甚麼事情？

（山）阿母啊！我爲越州祝小妹，整夜沒睡又半點眠。

（母）四九，你說看看！

（四）老安人啊！就是爲了山伯楊桃！

（母）啊！死奴才！說憨話！甚麼叫做山伯楊桃！

（四）沒有啦！就是那個祝英台啦！我就跟伊說伊是女生不是男生，伊就不信，現在才來傷心。

（母）哎喲！憨子！老身勸子免怨啼，子你就乖乖給我勤讀詩，就叫媒婆伊家去，去跟英台求親義，求親倘來配子兒。

（山）阿母！已經太慢了！我山伯來聽到心頭悶，阿母不免去求婚，英台親事配馬俊，有錢要娶也沒咱的份！

（白）這就叫做泉州城賣米粉，沒你份！

（母）哎喲！憨子！人說只欠天上美仙女，地面哪欠美姑娘，子你功名若成器，我再替你找那個美美美的來配子兒。

（山）山伯聽到淚哀哀，我沒說阿母你不知，別人再美我不要，我只喜歡我英台，別人再美不必來，母親啊！

（母）我老身罵子那麼憨，枉你出世當男生，男人嚼粗你嚼細，你不會聽聲，不然你也看走路，可惜三年和你睡同床，你不會趁睡來偷摸，回來才來哭沒某（妻），到這你母也沒辦法。

（山）阿娘，三年和子睡同床，伊用汗巾隔中央，啥人睡覺翻過界，就罰紙筆滿學堂，母親啊！

（母）老身聽得眞生氣，紙筆才多少錢，你不會假睡翻過去，給伊摸看看，凸凸抑平平，男生女生就知機，你這麼憨是爲何？

（山）母親啊！山伯聽到對嘴應，自恨咱家家內貧，伊給咱罰是不要緊，罰到你子作苦兒。

（母）要不是怎樣，如果你怕人罰，要不這樣啦！老身聽得心茫茫，枉你讀書這靈通，被女人家來習難，不會假睡給她偷摸，要不也要會聽她的鼻孔風。

（山）阿娘，鼻孔風要如何聽，我不知道。

（母）男人在睡風作陣，女人在睡是風較順，男人在睡…（說唱者模擬粗聲響亮的打呼聲），女人在睡…（說唱者模擬輕細的呼吸聲），這樣你知道嗎？

（山）阿娘，你這麼屬害，不早點告訴我，何時你老了這麼靈通，還學得會聽風，難怪你罵我憨。

（母）我老身的兒子，眞可惜，讓你讀書最不對，不會聽聲要不也聽解尿！

（山）解尿怎麼聽，我不知！

（母）你怎麼會那麼笨，男人在解叮咚響，女人在解喊哇喊，喊喊喊喀叫，看你這憨（這麼笨）自哪來！

（山）這又更難了！

（母）怎麼說！

（山）母親啊！你就不知道半樣！英台是時常會想計又想策，茶壺裝水去噴牆邊，再來誣賴我們學生解尿沒規矩，站著隨便放，先生走過又嚴懲人！

（母）這麼厲害！

（山）英台時常好計策，茶壺裝水噴牆邊，再來誣賴我們學生沒規矩，解尿噴壁會長青苔，解尿若無蹲下去，先生權力交給伊，拿竹條大家打百二，學生大家都怕伊。

（母）老身聽得氣沖天，讓你讀書真是浪費錢，書癲變書痴，你若沒得聽解尿，要不看伊走路也知，女人走路乳挺挺，男人走路乳平平，子你是近視抑是青盲（瞎）了。

（山）山伯聽得苦不盡，阿娘！英台胸前綁汗巾，汗巾不時綁緊緊，三年和我同作伴，我不曾看過伊二個乳，誰知英台伊是女人。

（四）你喔！三好加一好！

（山）怎麼說？

（四）叫做死好（四好）！我九仔聽得罵又咒，我罵官人你沒擔當，仁心姐配我就剛好，如今回來了，你無，我也無，主僕同樣都只能空妄想，從前我就跟你說英台是女人不是男人，你就說我，再說就要摁嗛皮（打耳光），可惜我安哥伯作奴才，我若像你做官人，這時英台肚子不曉得是多厲害，說不定子都生出來。

（山）死奴才！誰像你這麼好膽（大膽），敢在半路折扁擔，多說話沒有用，趕緊幫我備鋪蓋，我欲休息。

（四）我幫你被鋪蓋，我給你扶著扶著進來去。

附 錄 五
自藏手抄本甲《三碧英台全歌》書影

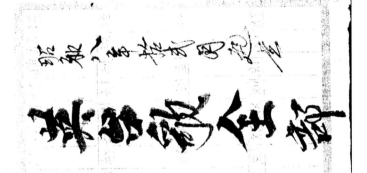

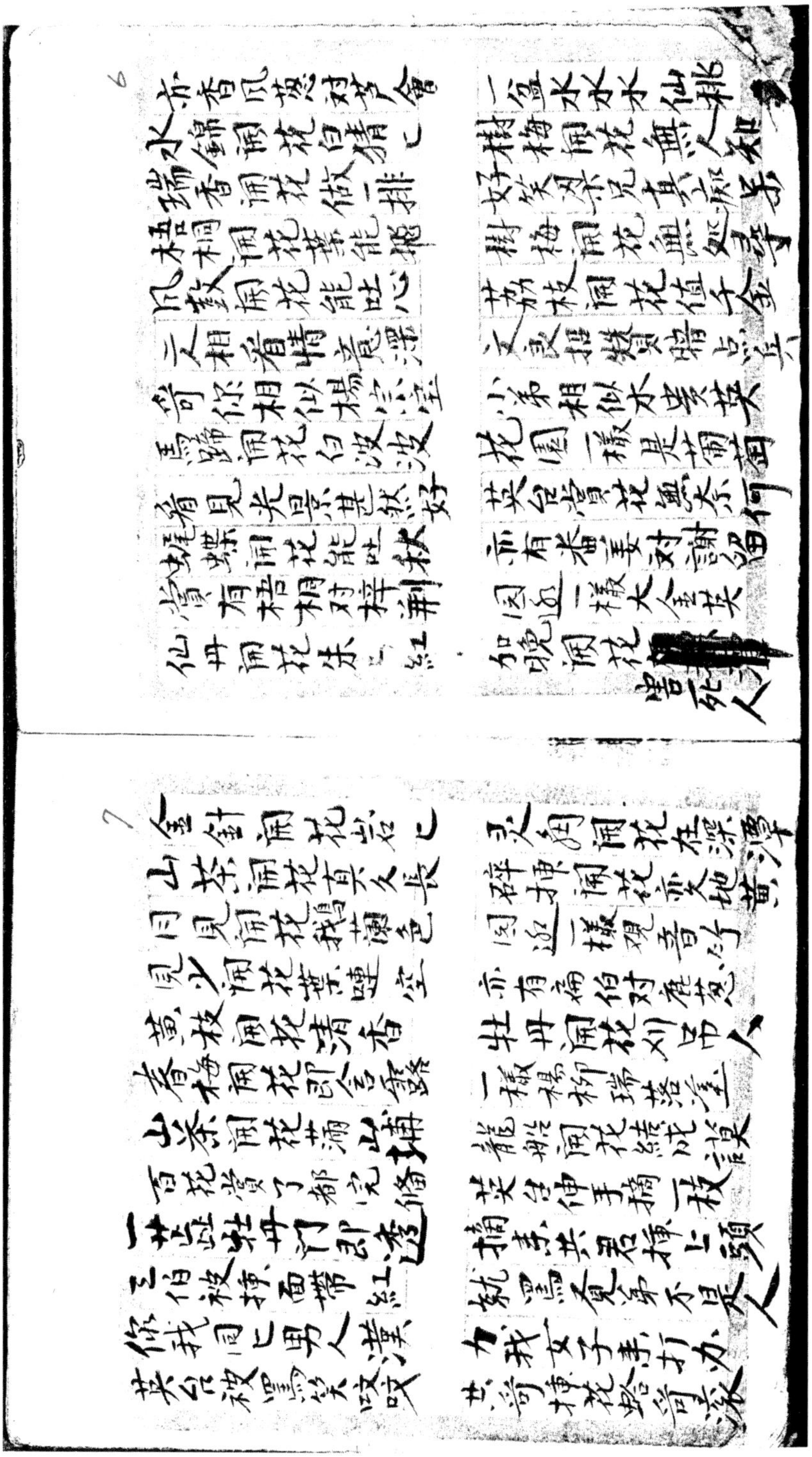

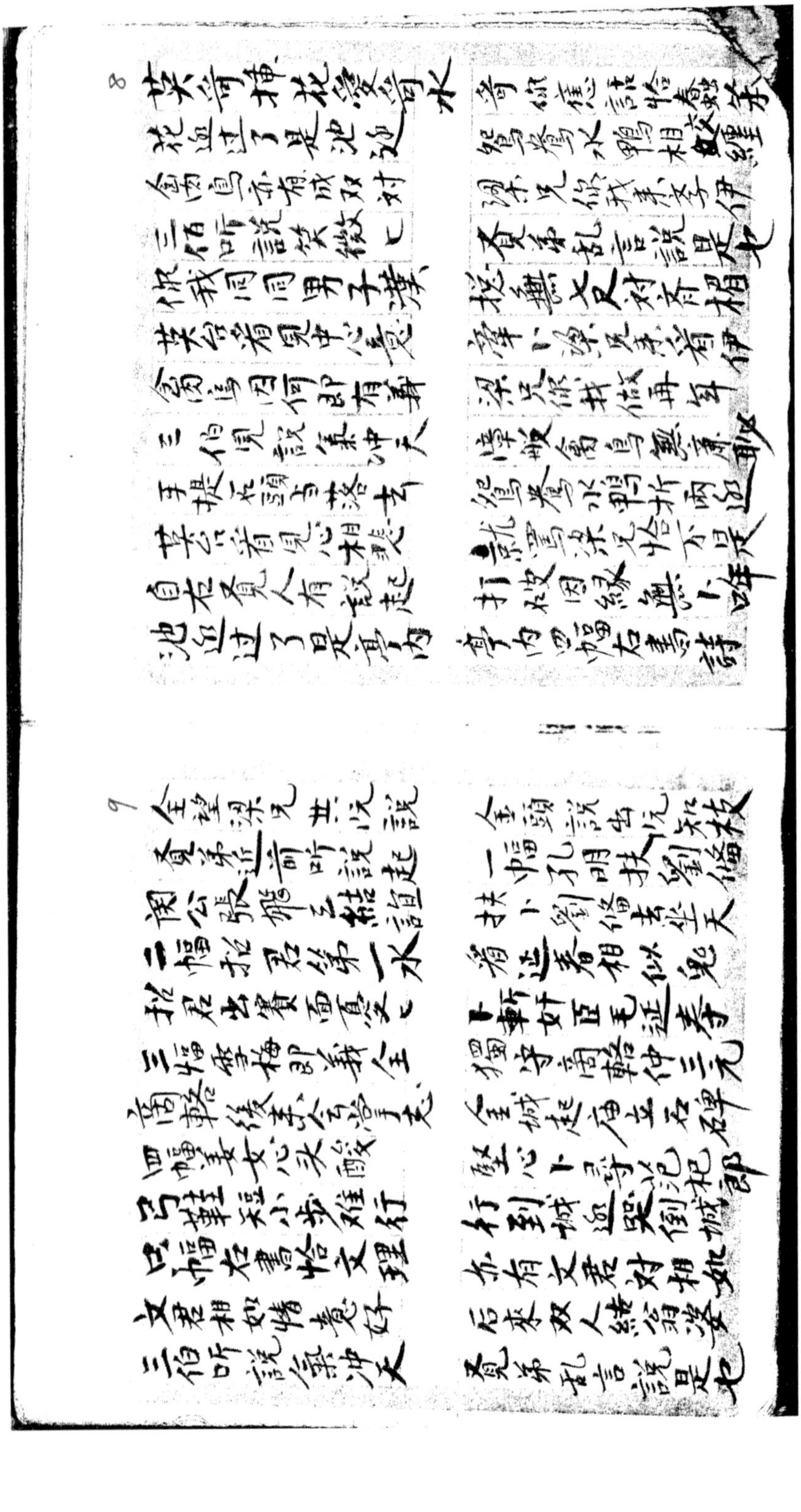

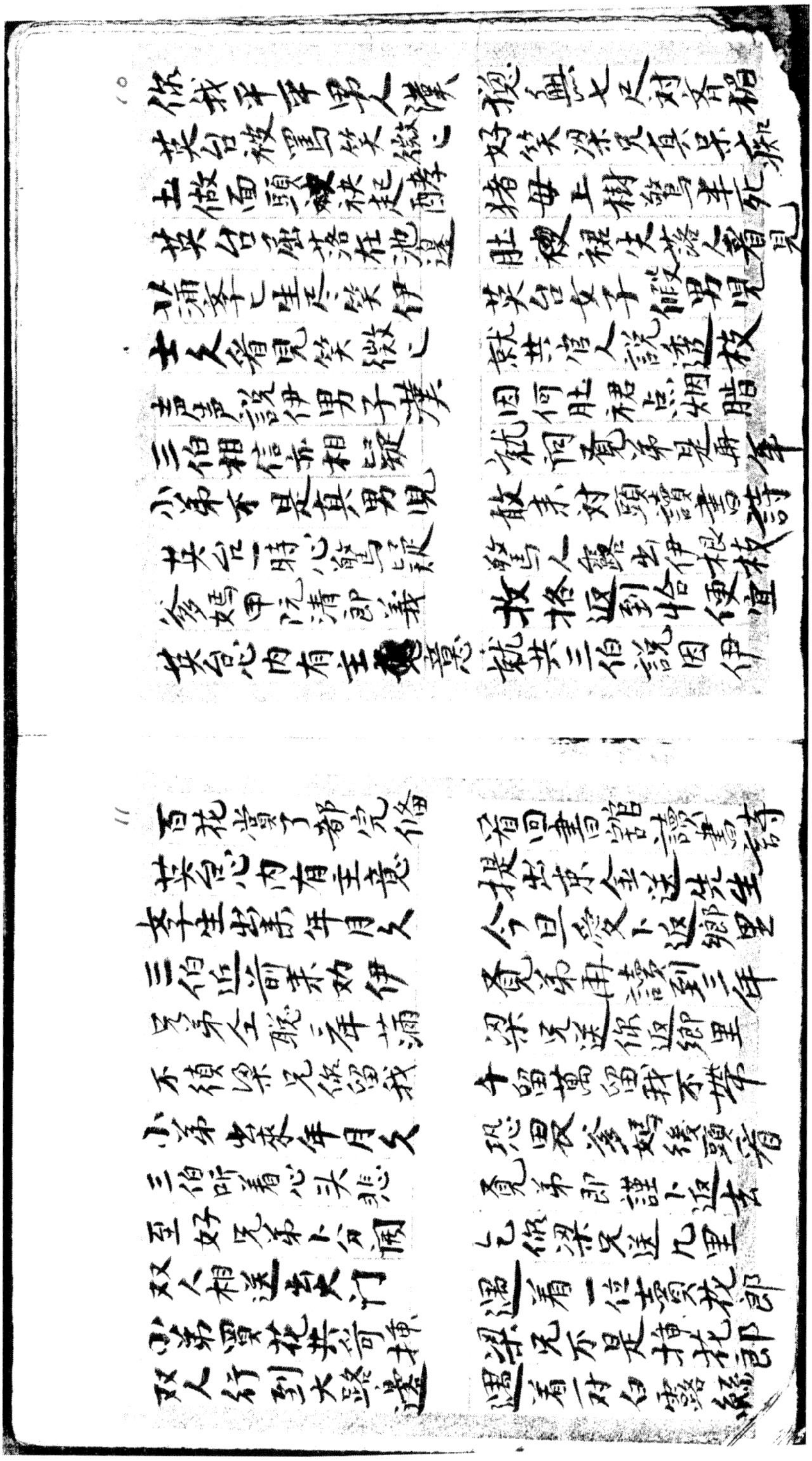

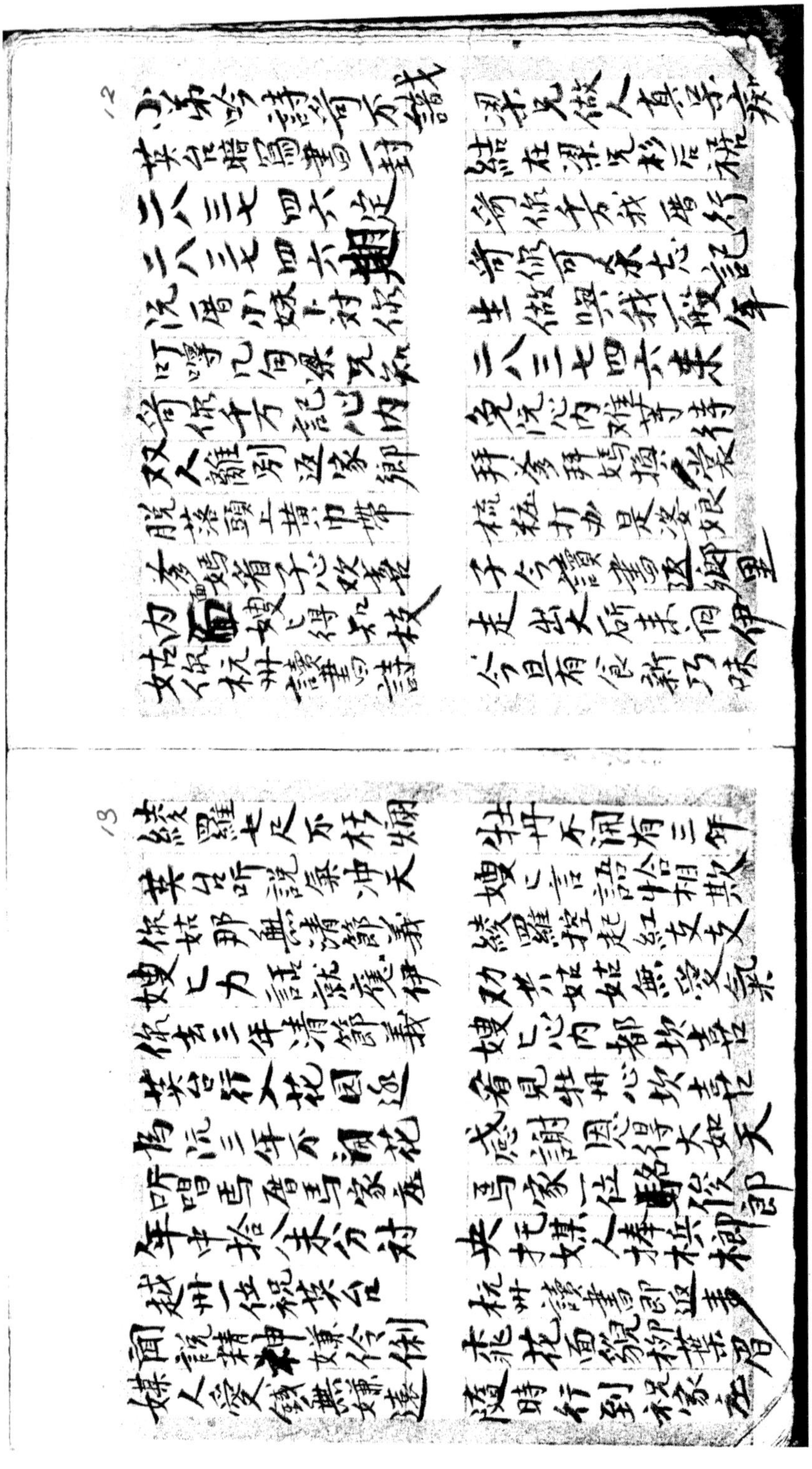

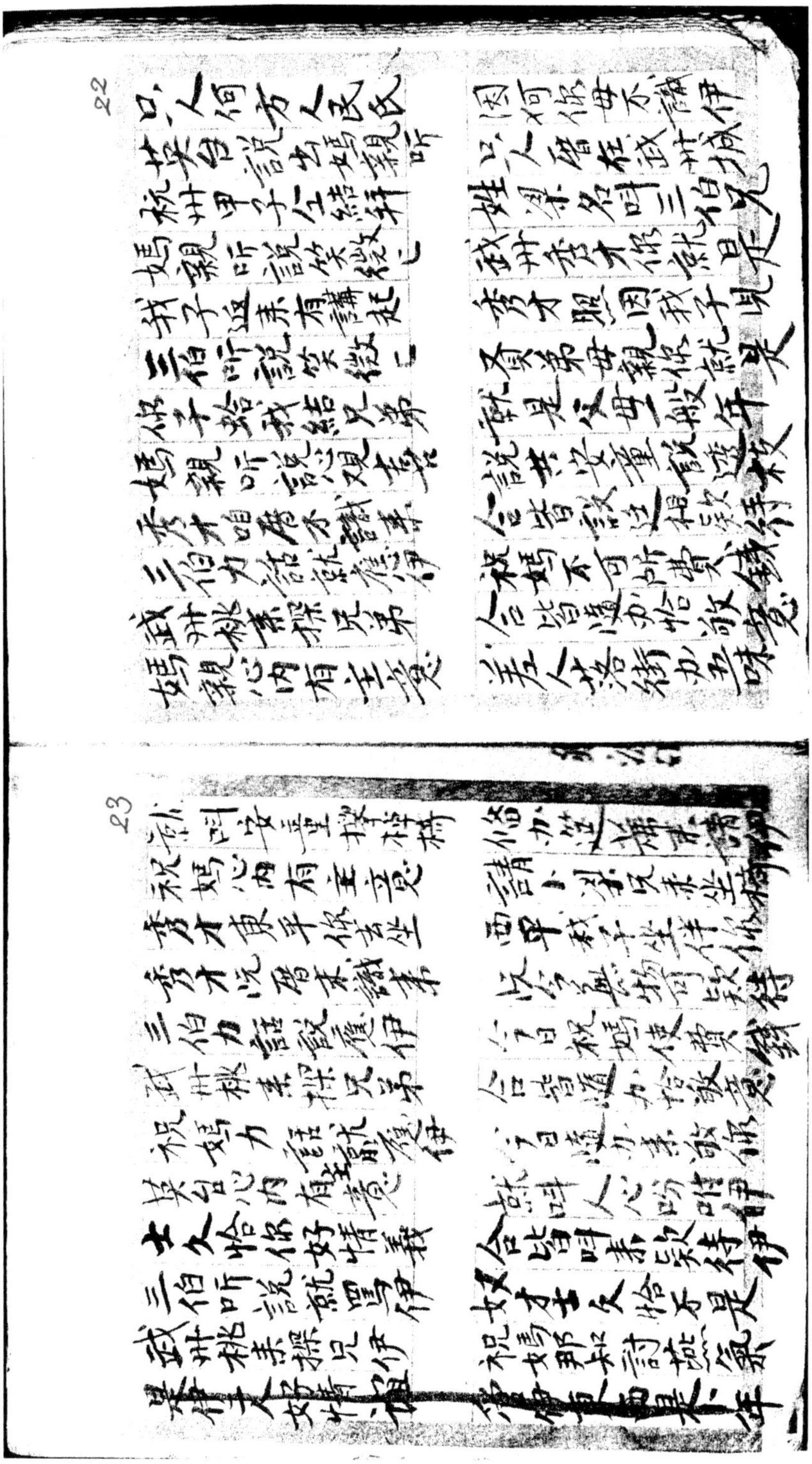

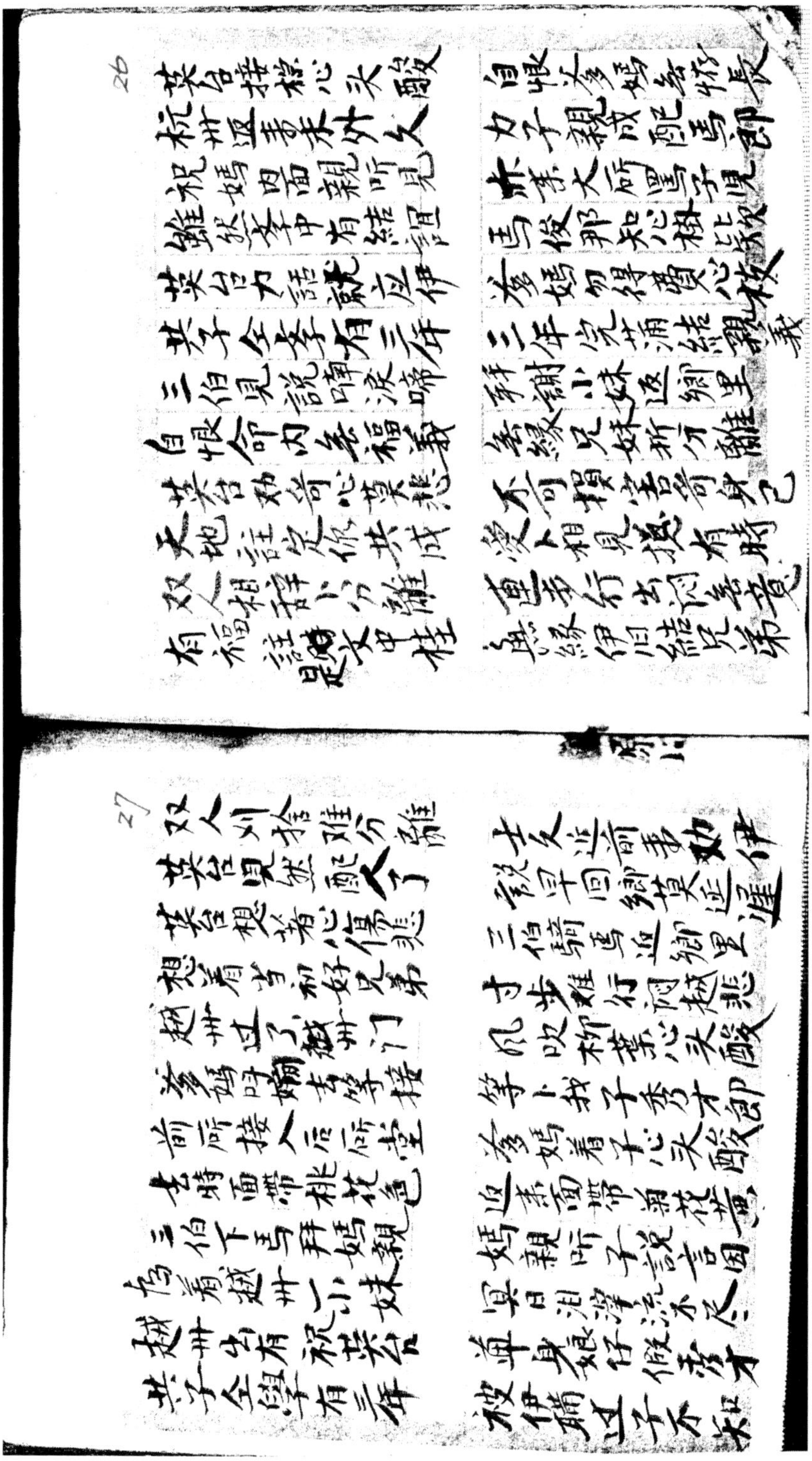

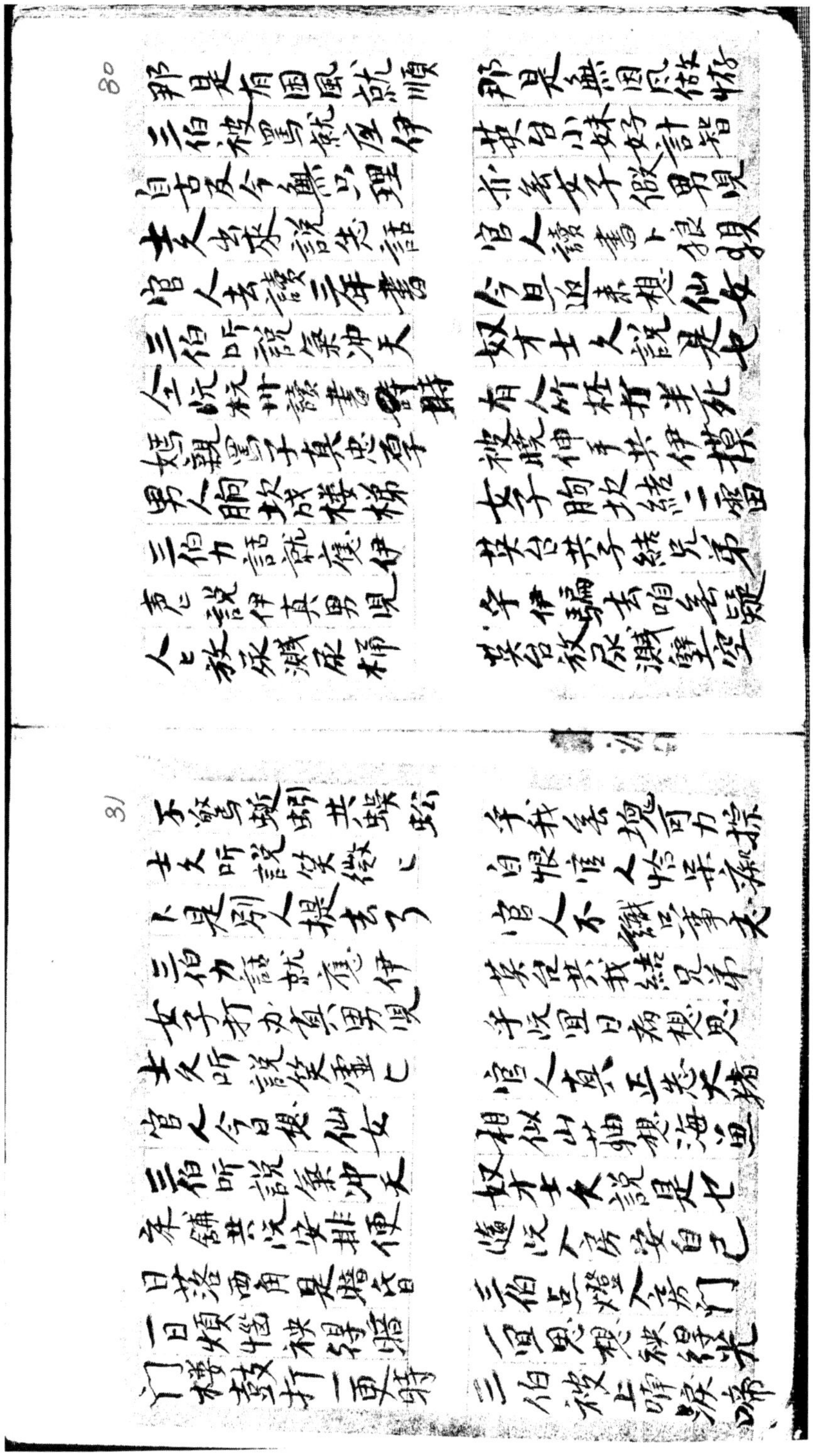

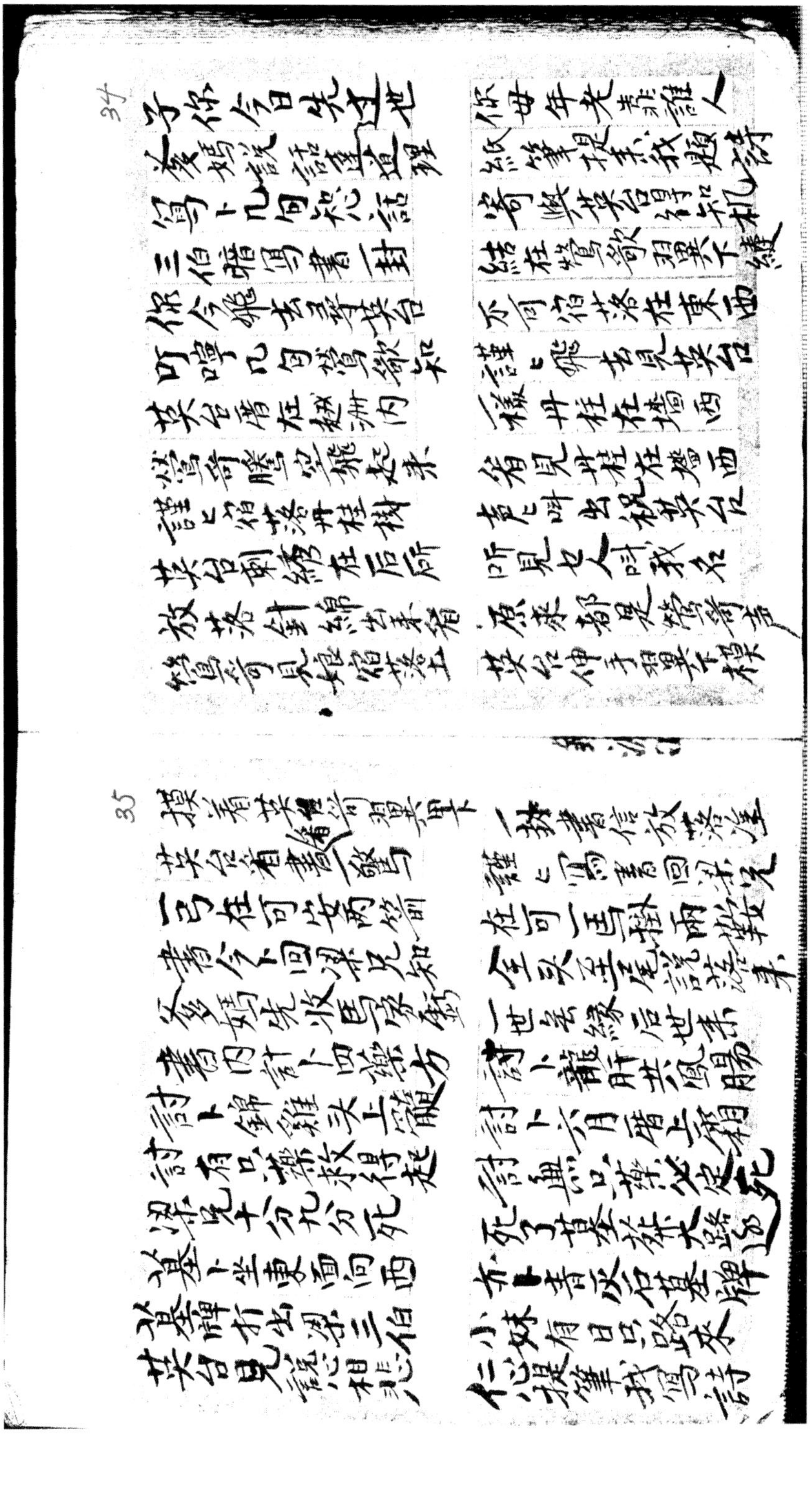

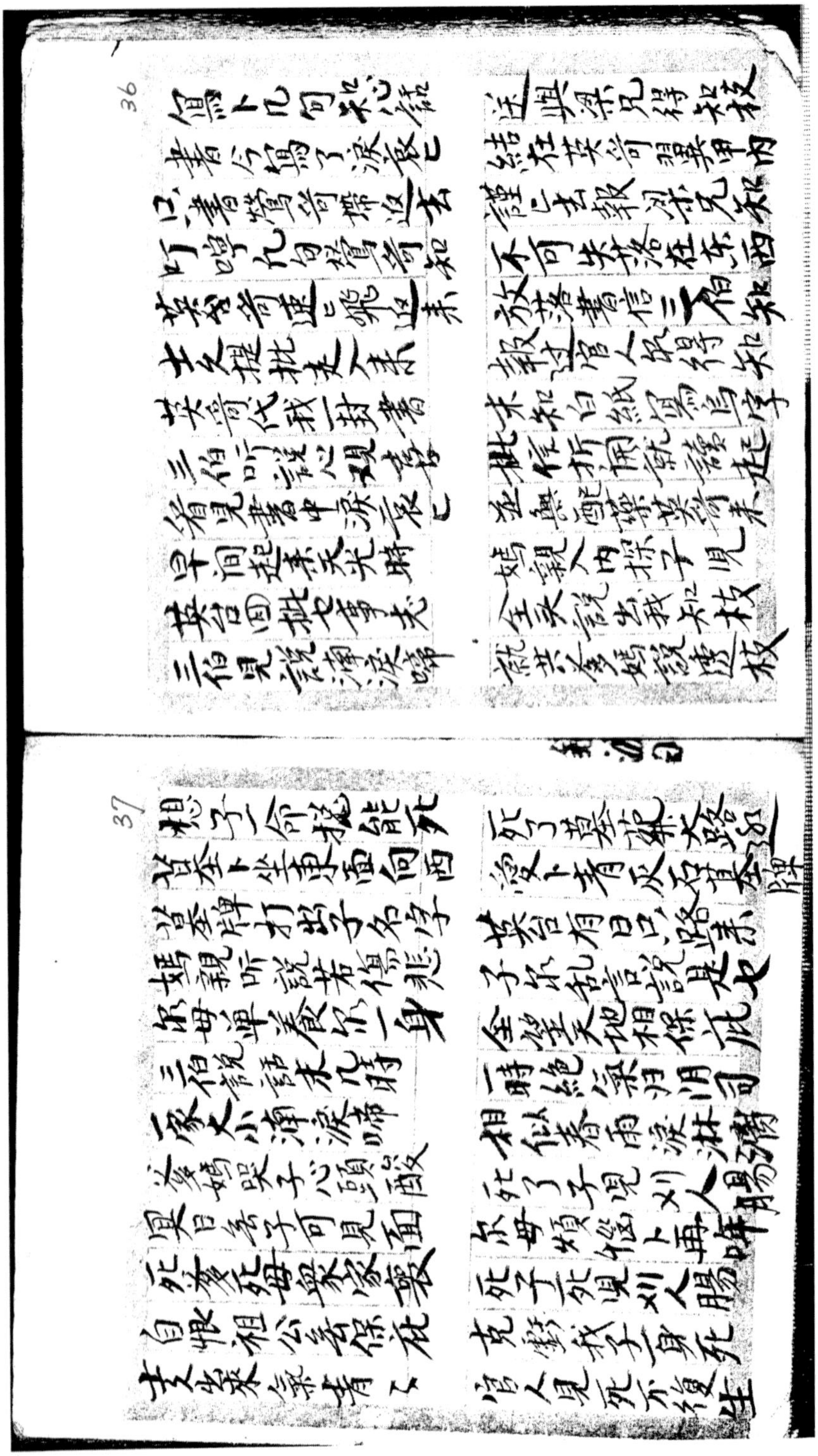

38

39

40

41

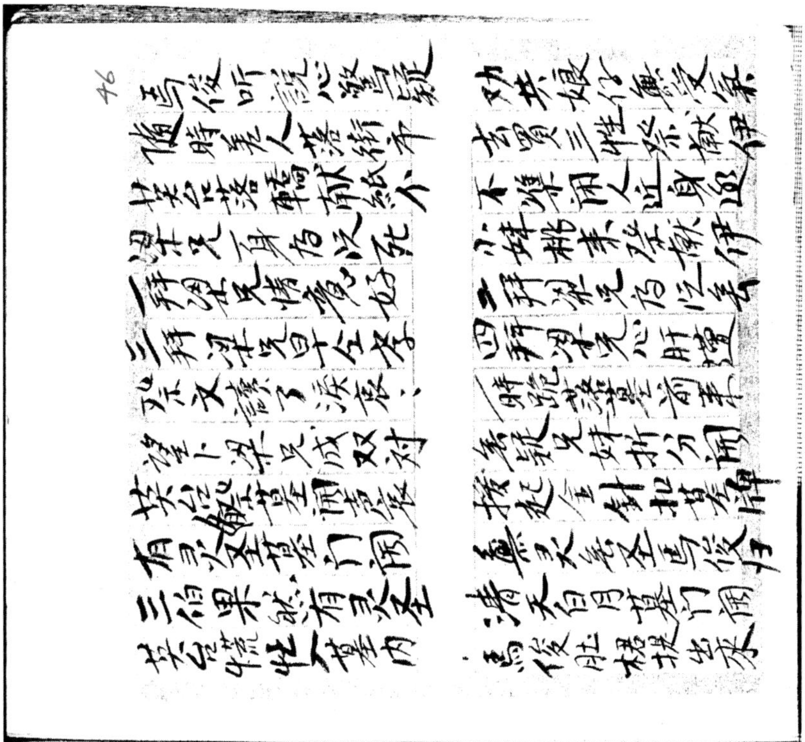

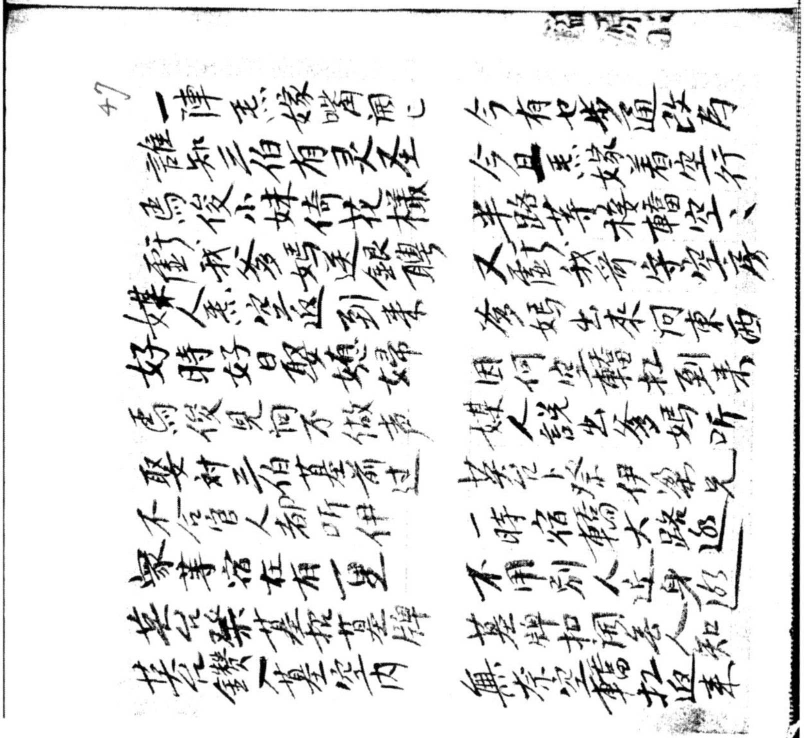

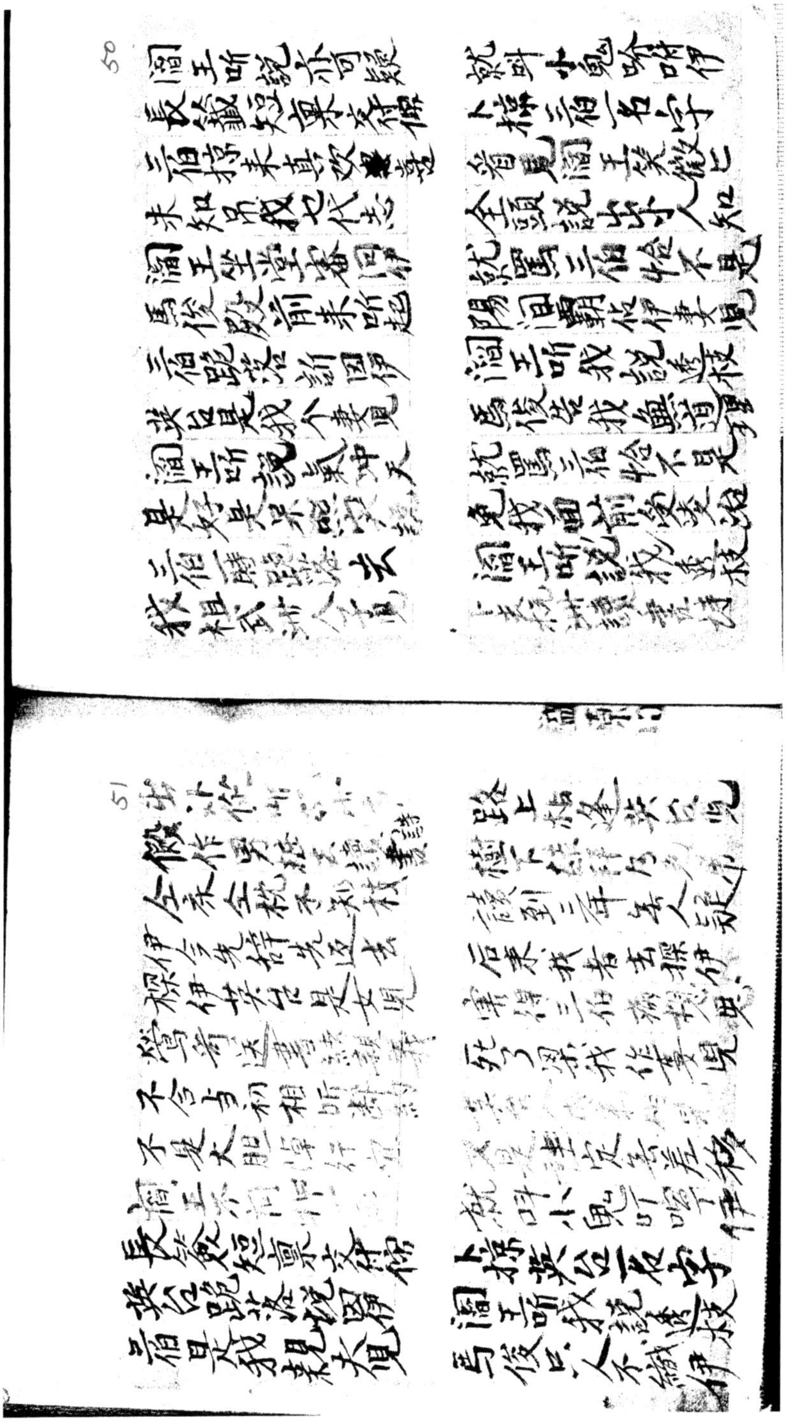

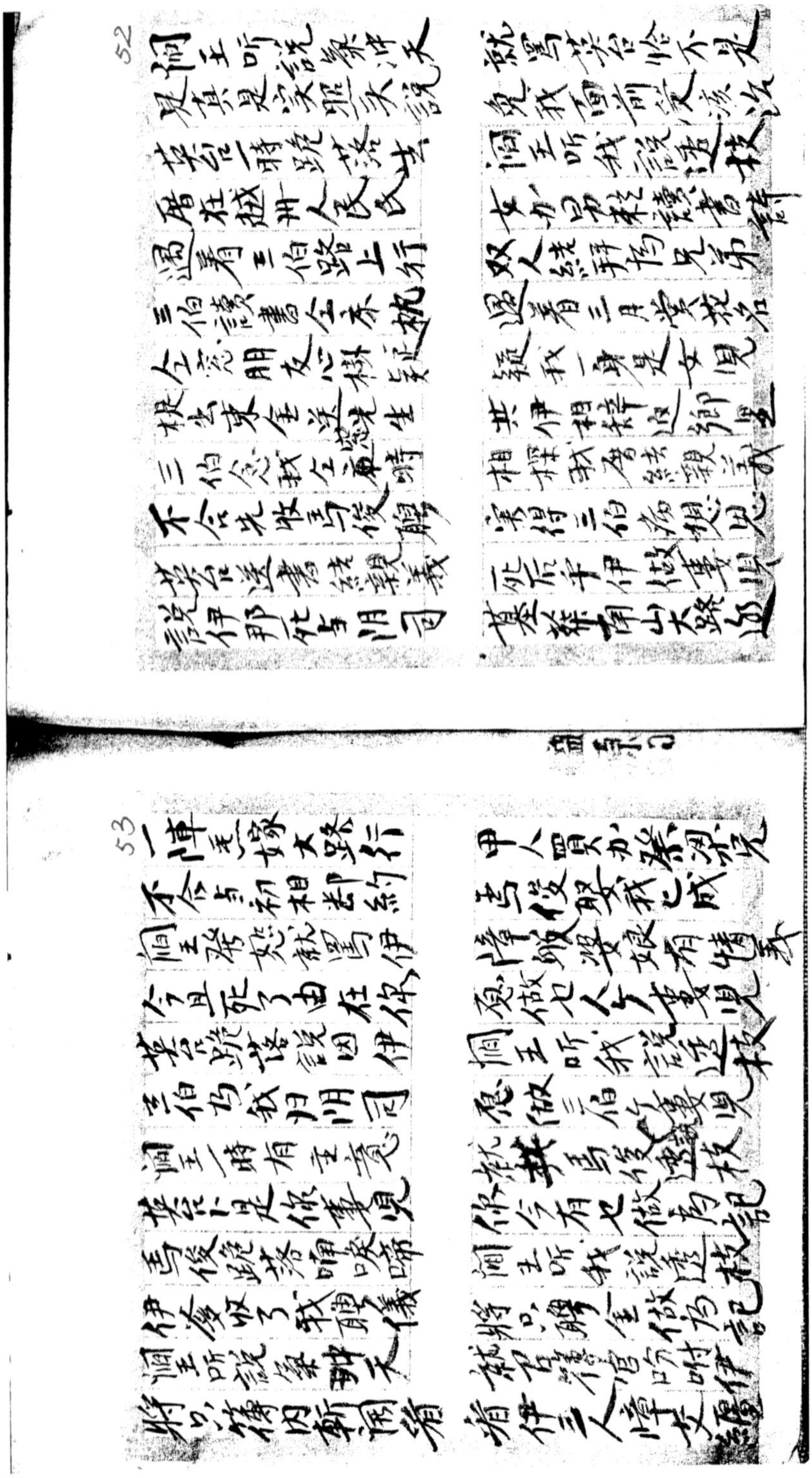

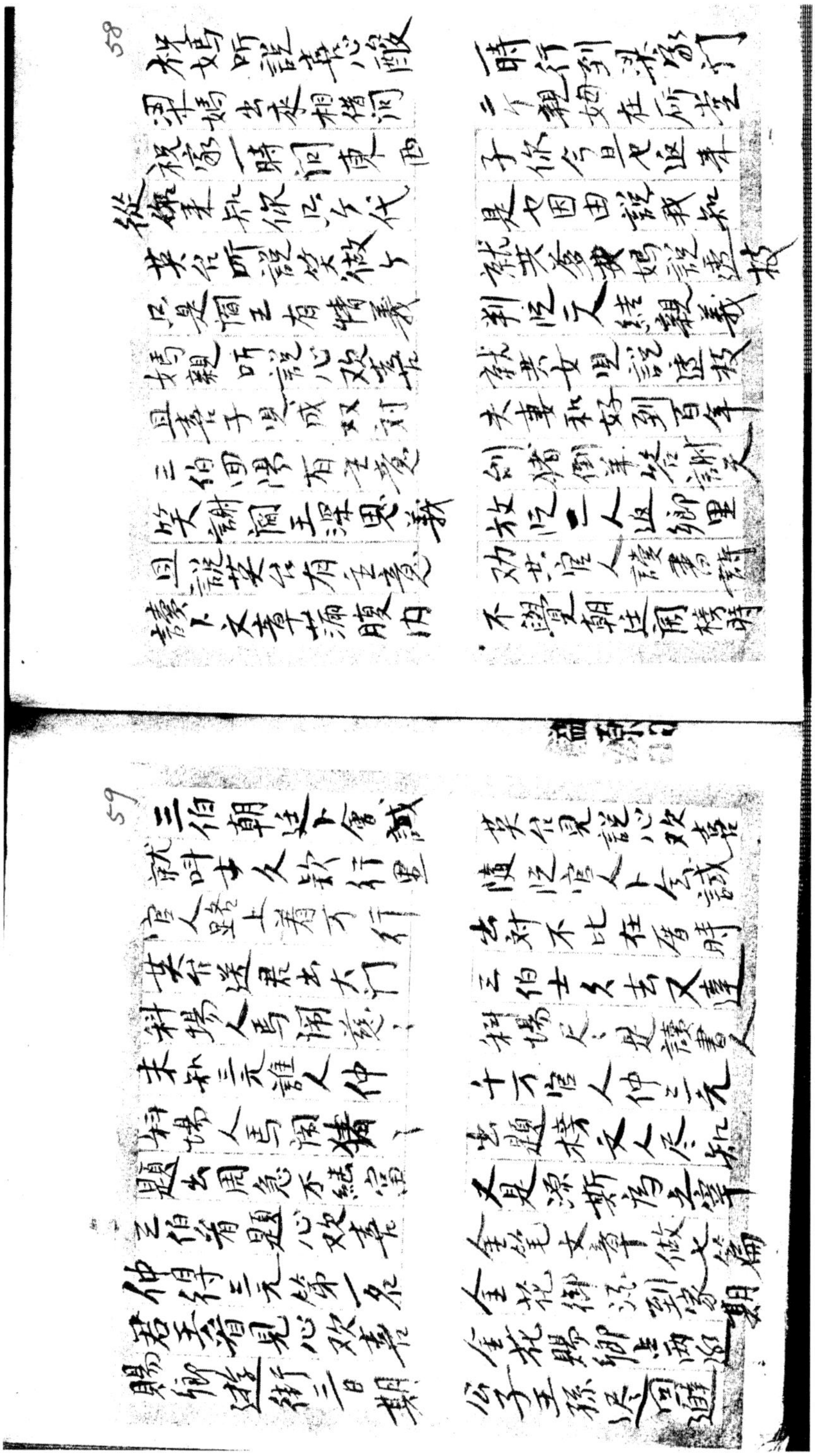

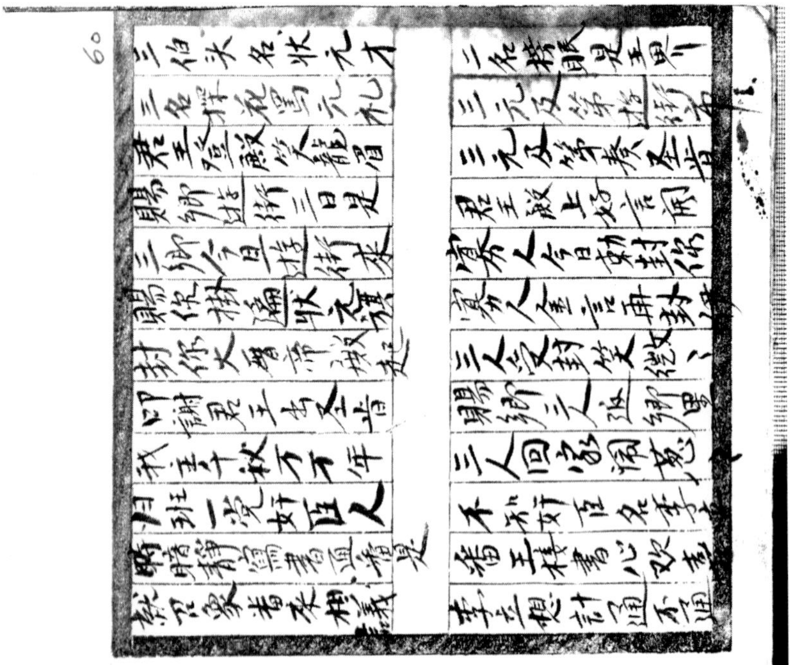

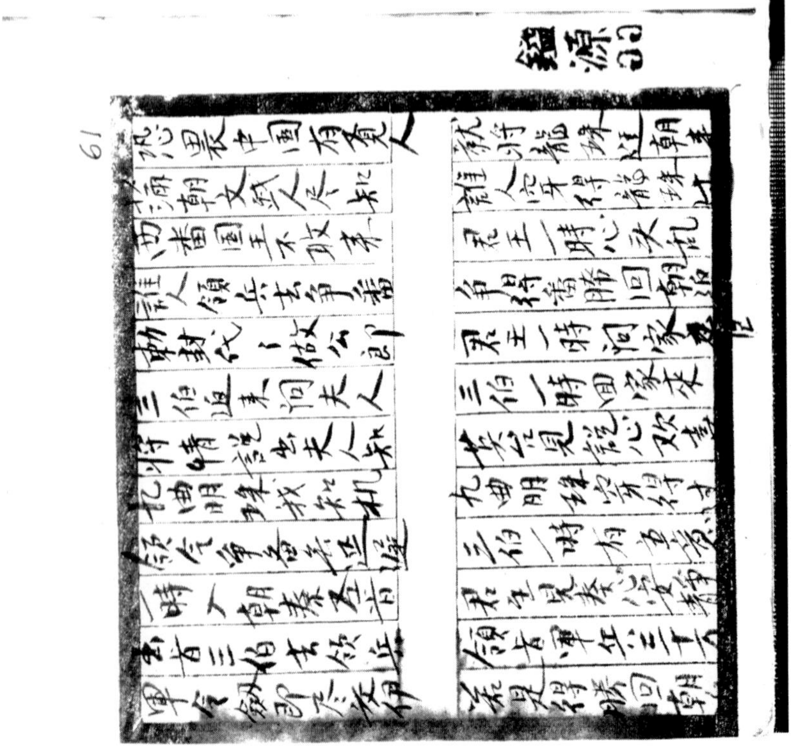

5

6

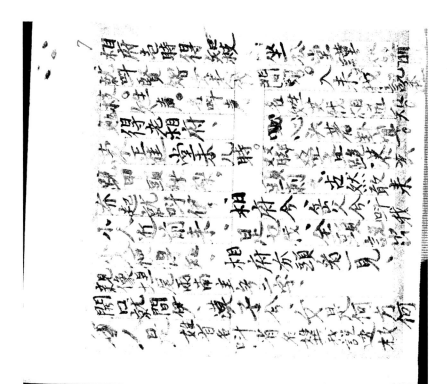

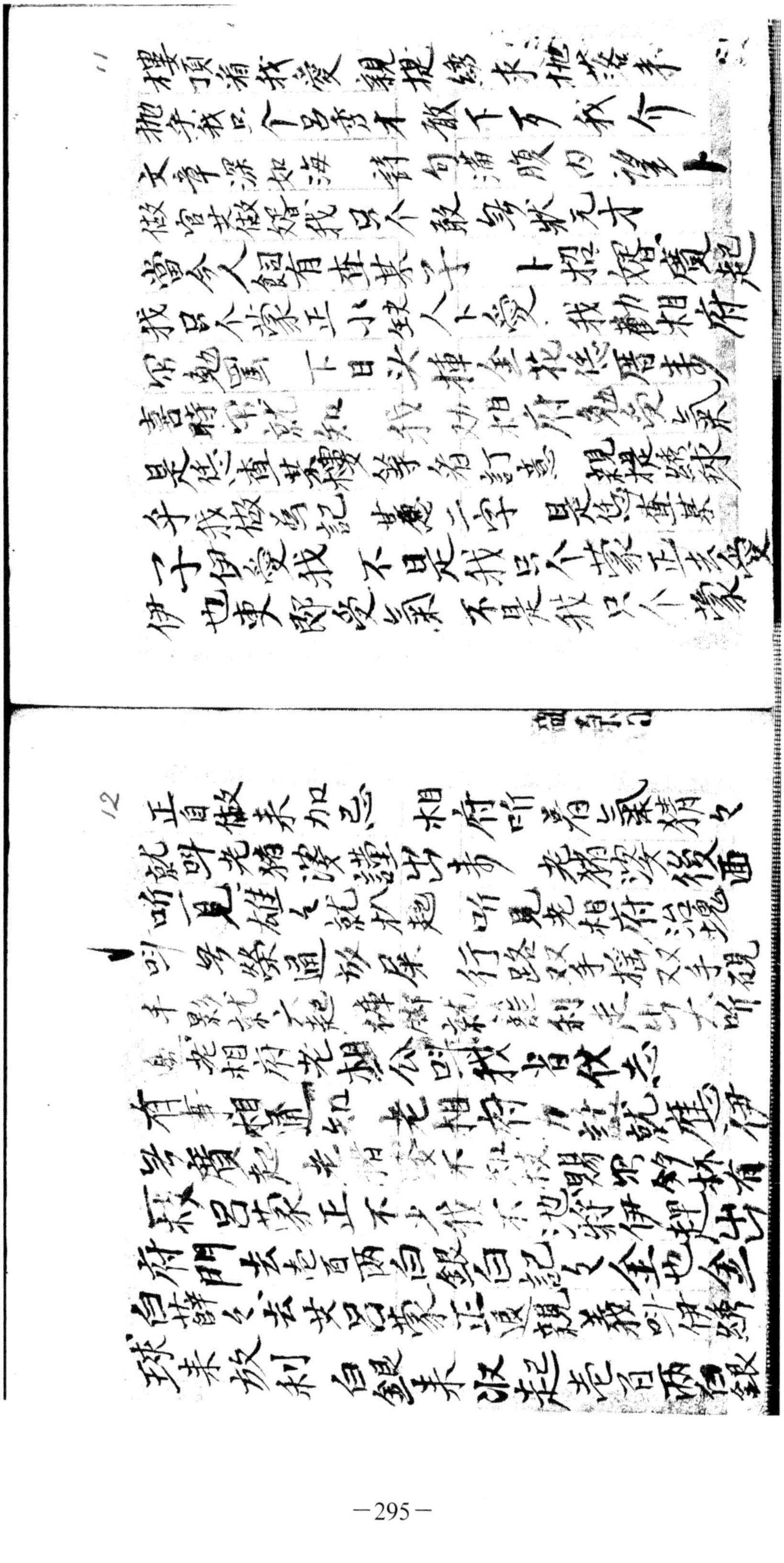

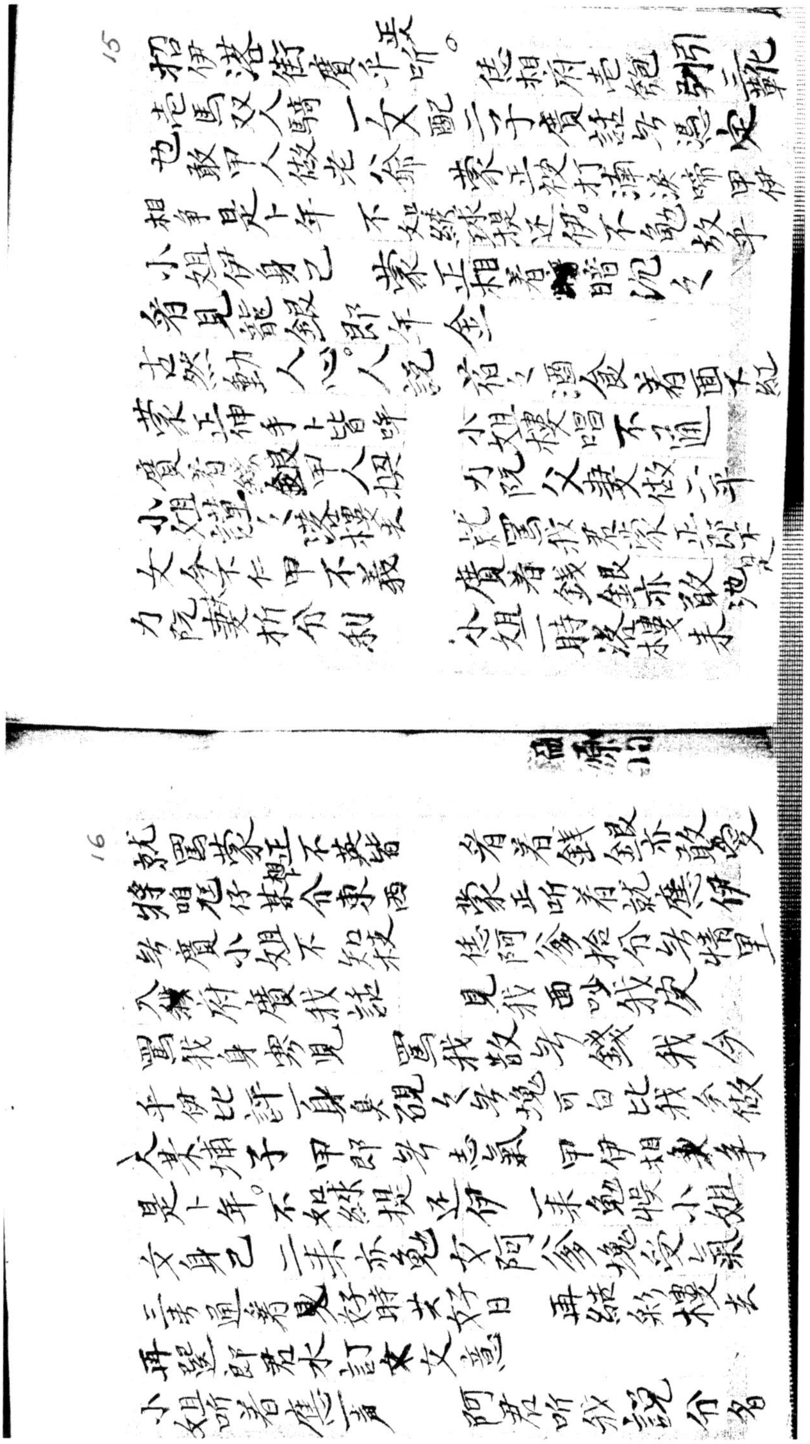

15

16

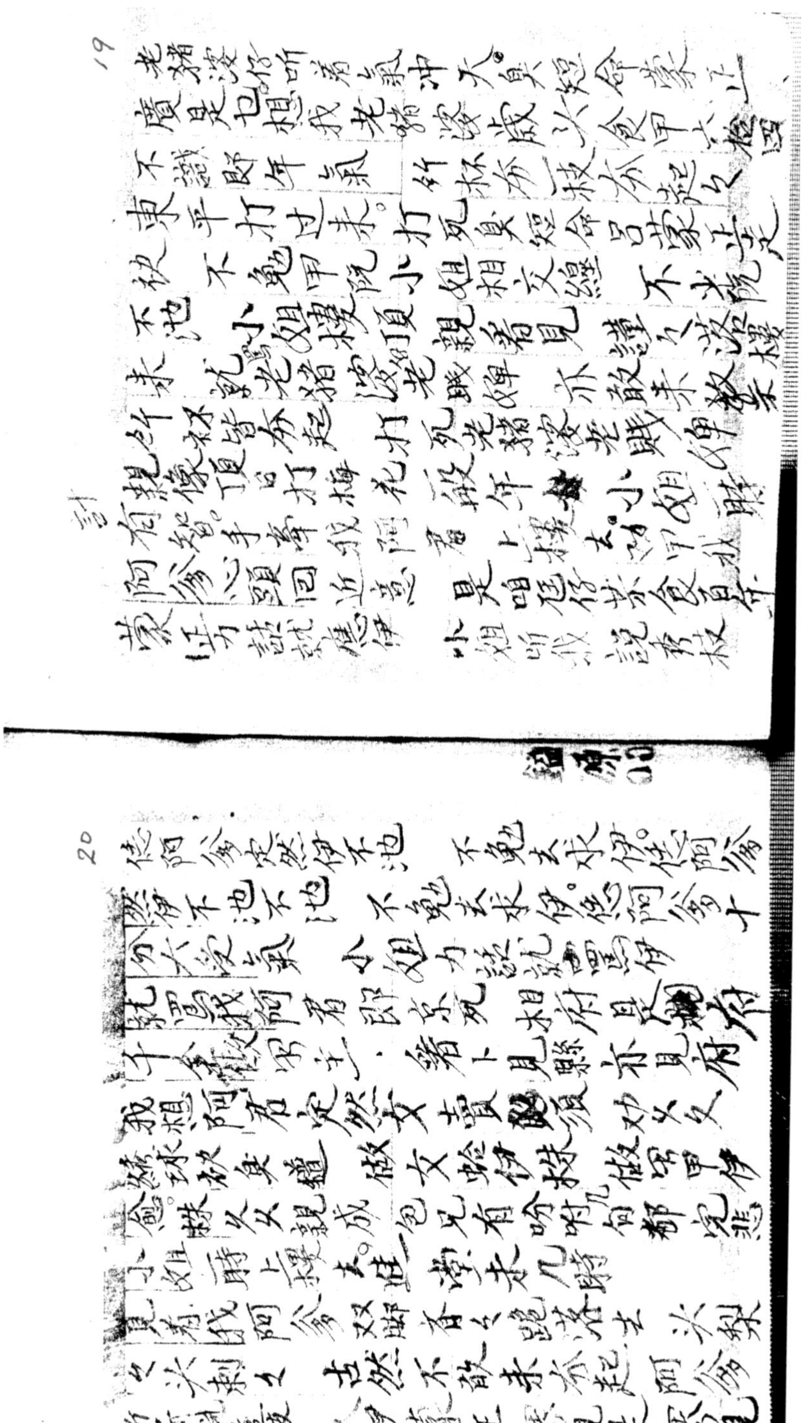

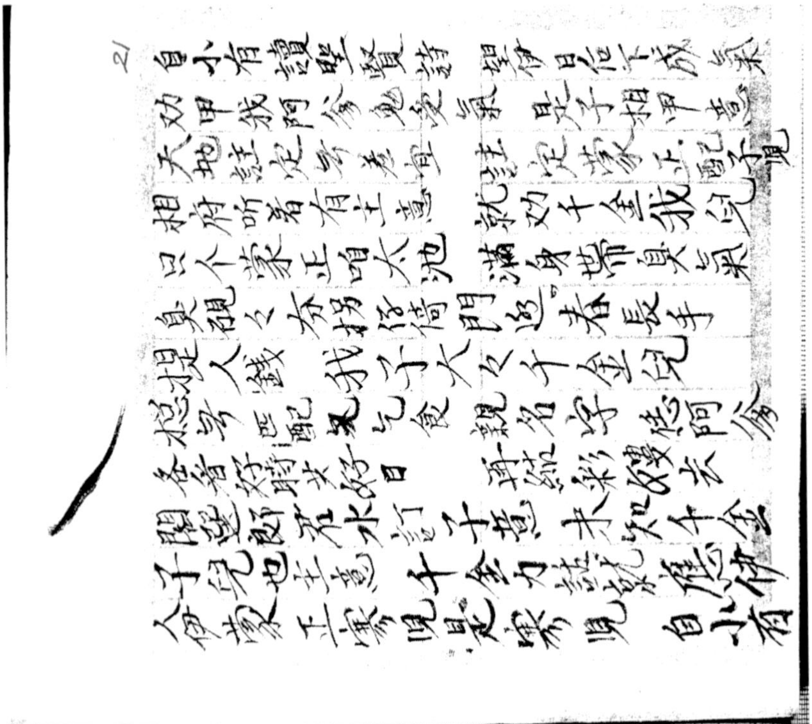

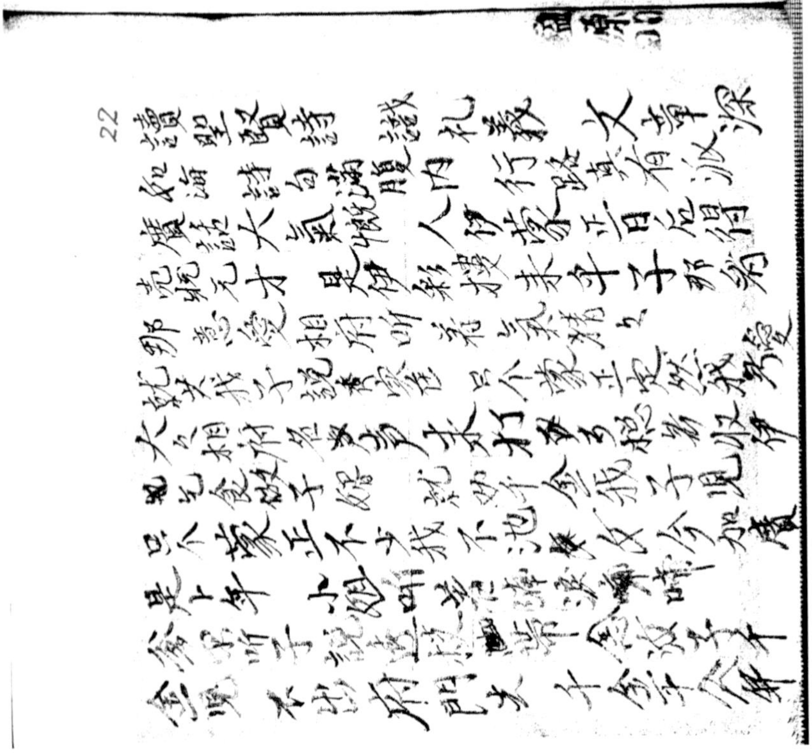

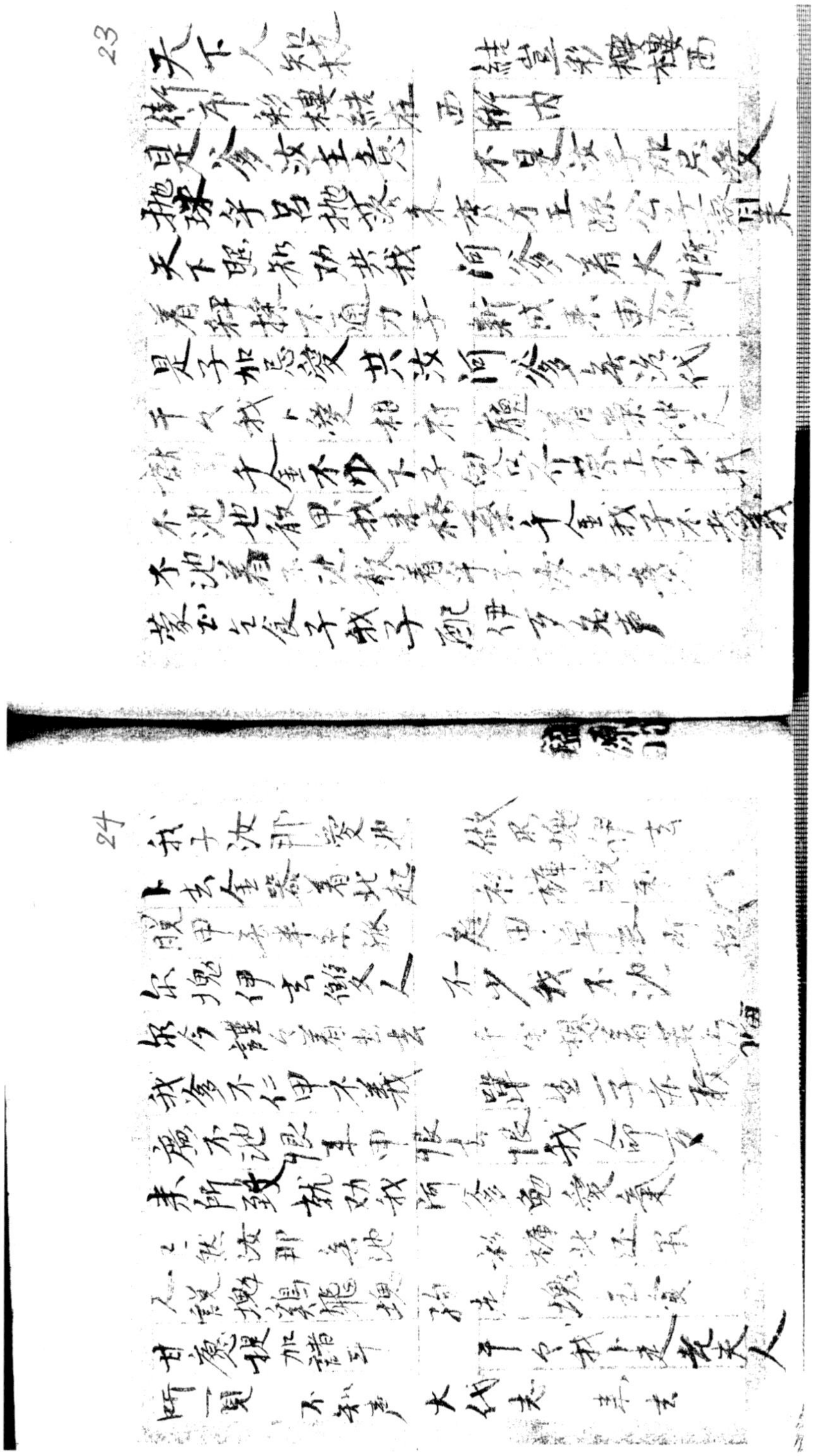

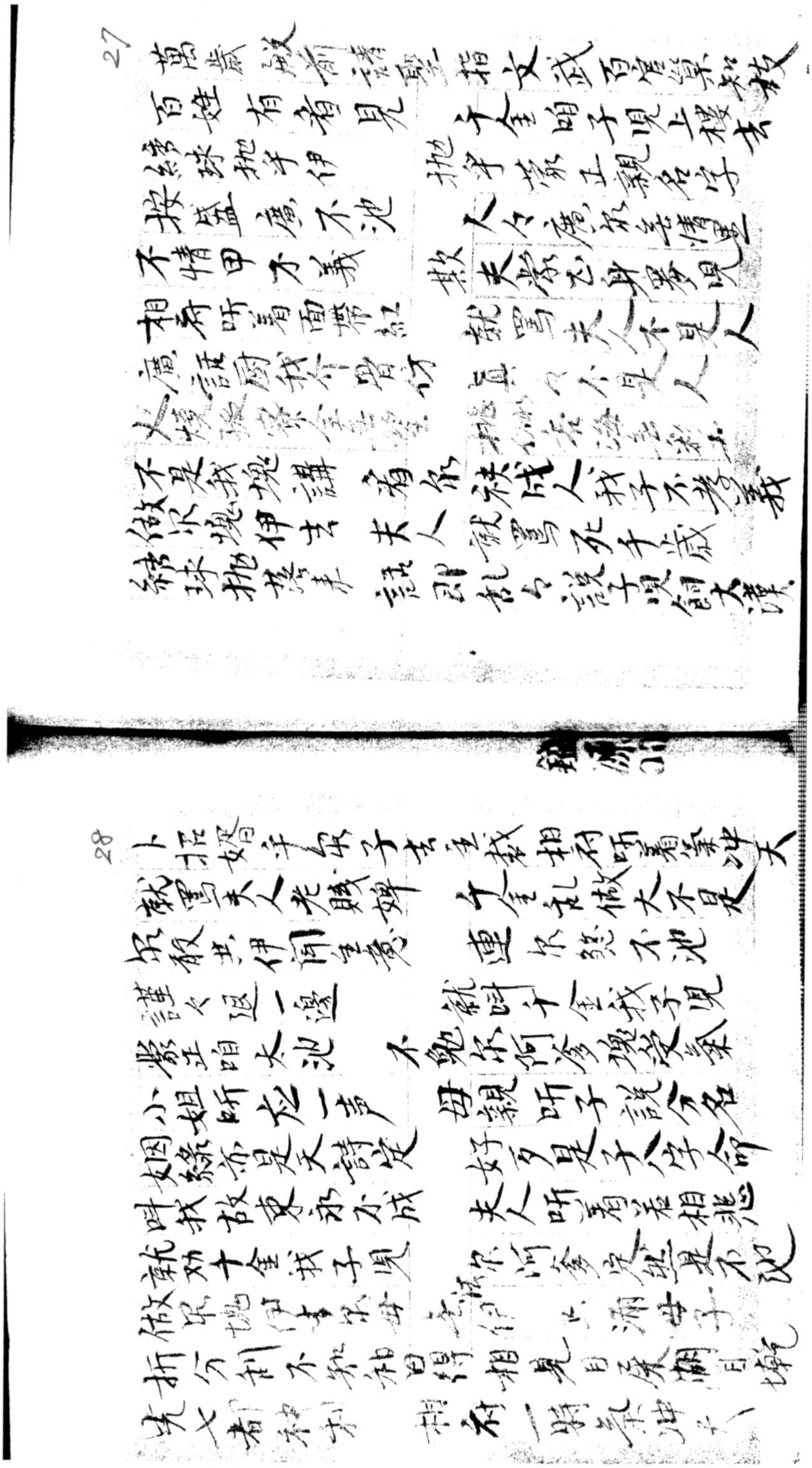

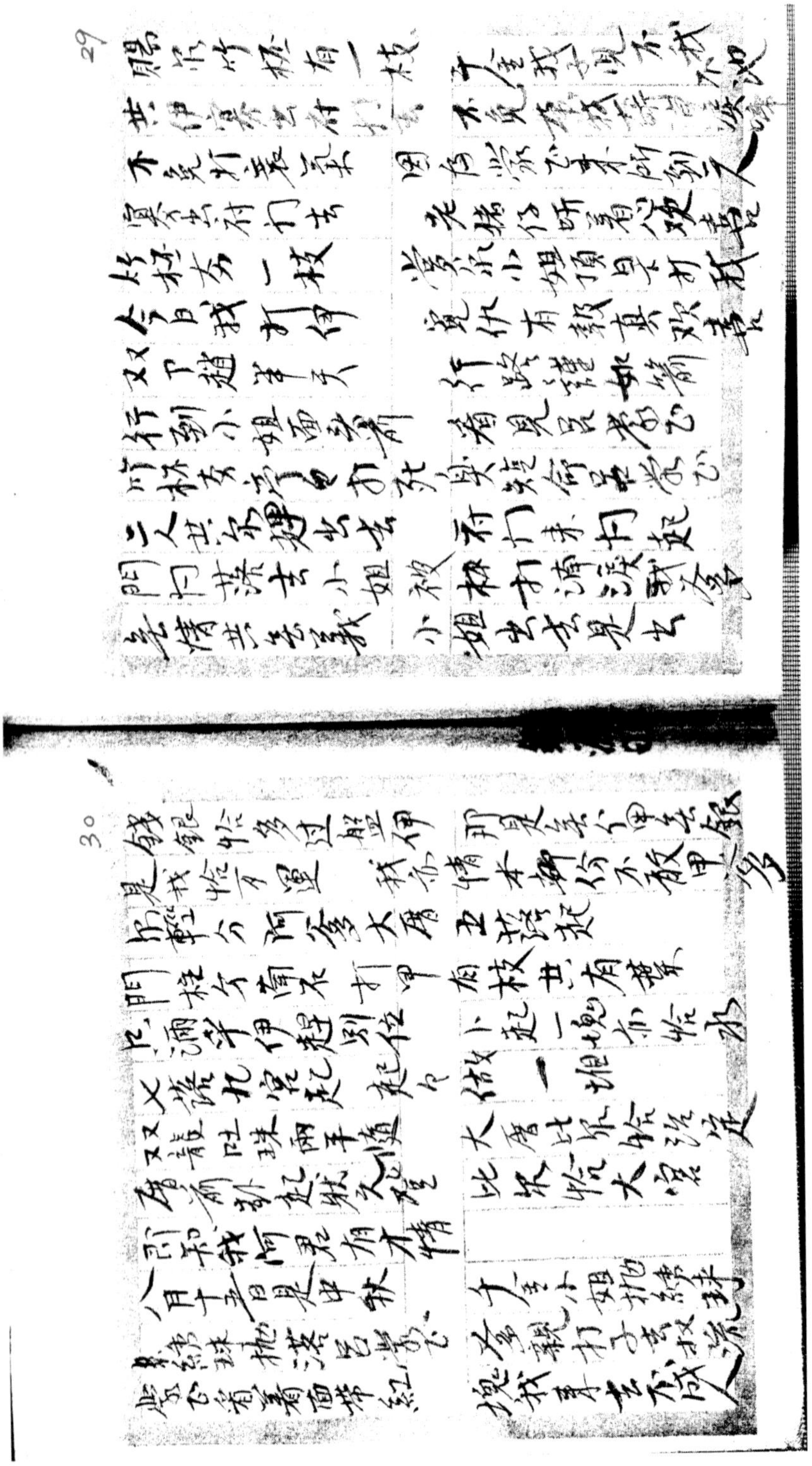

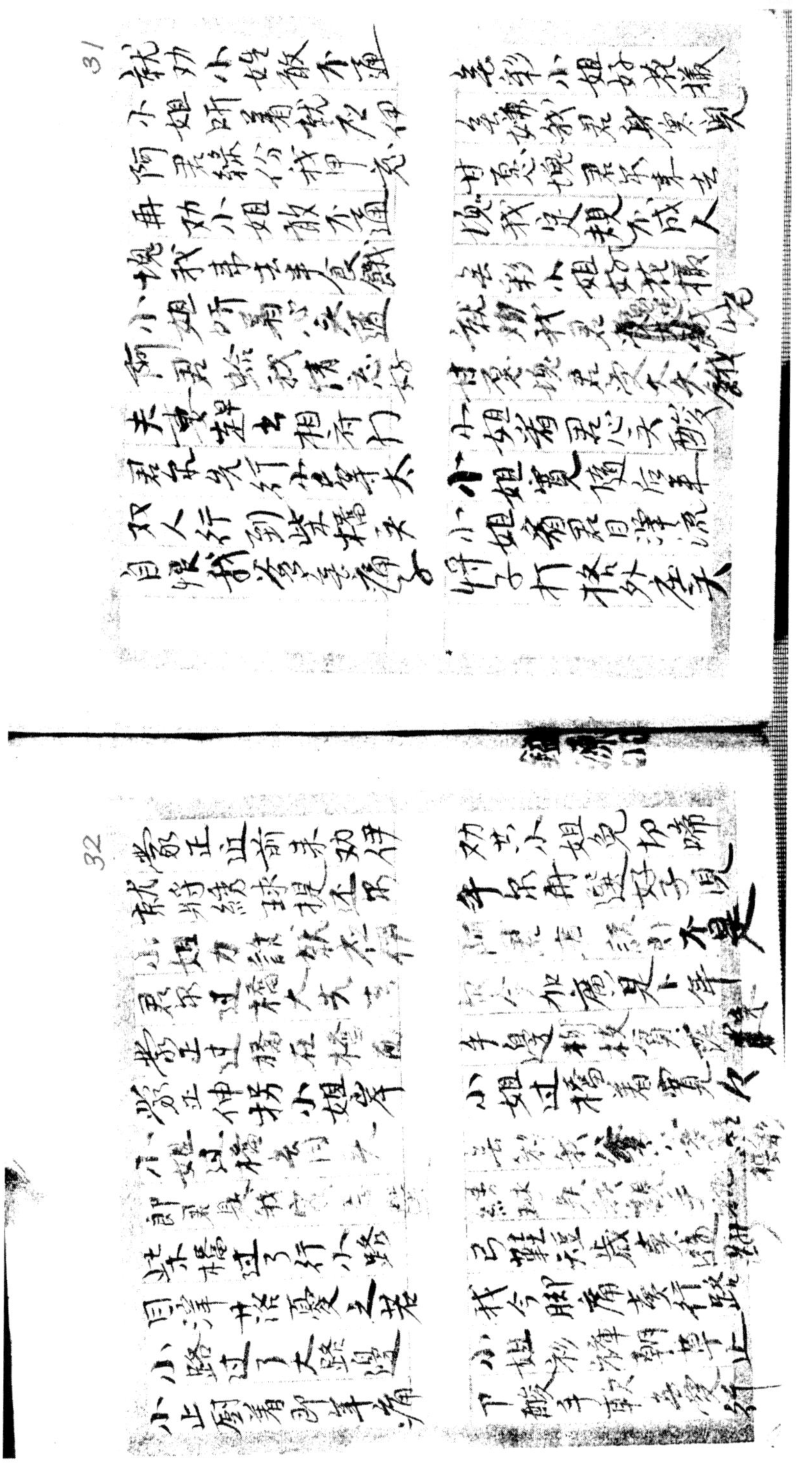

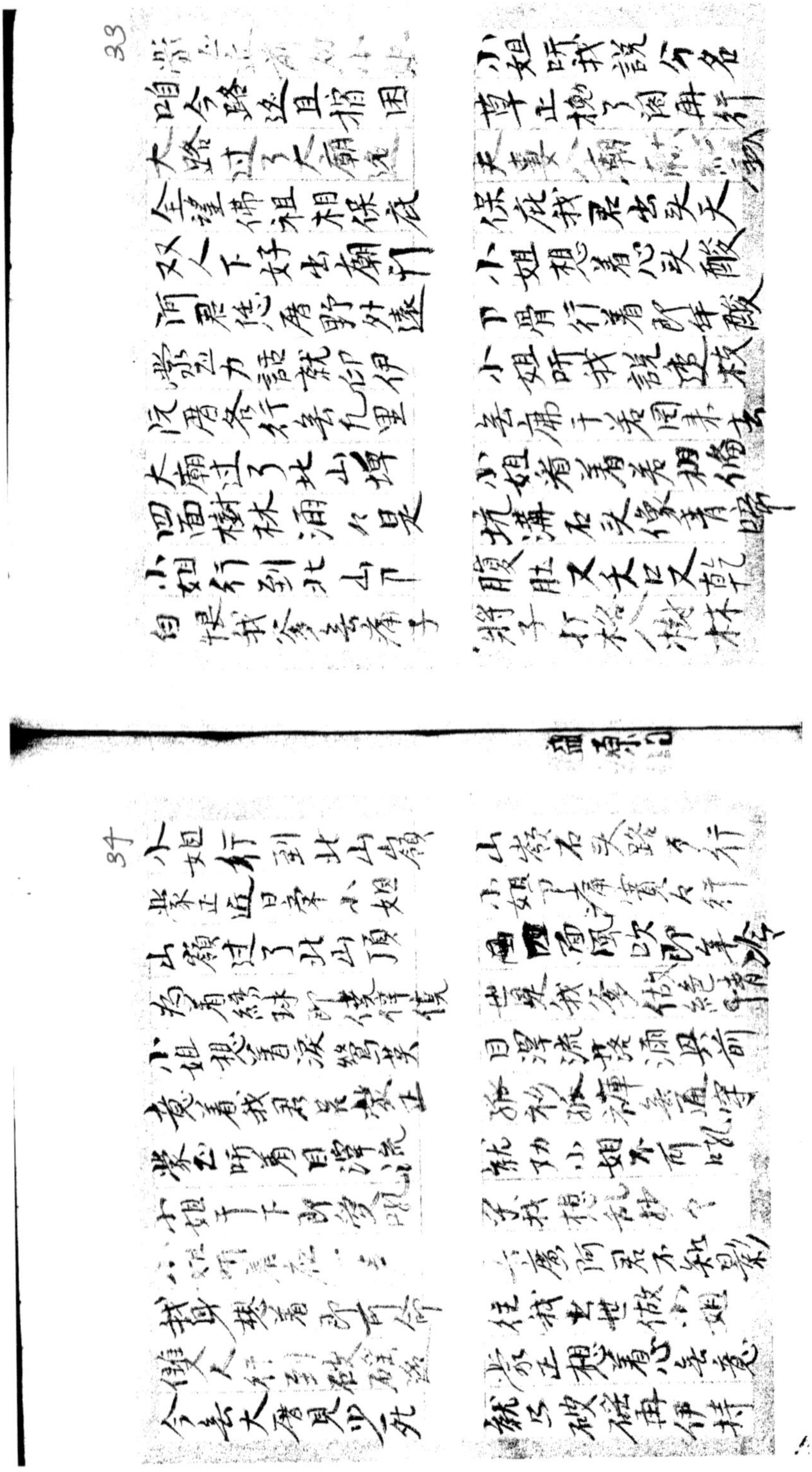

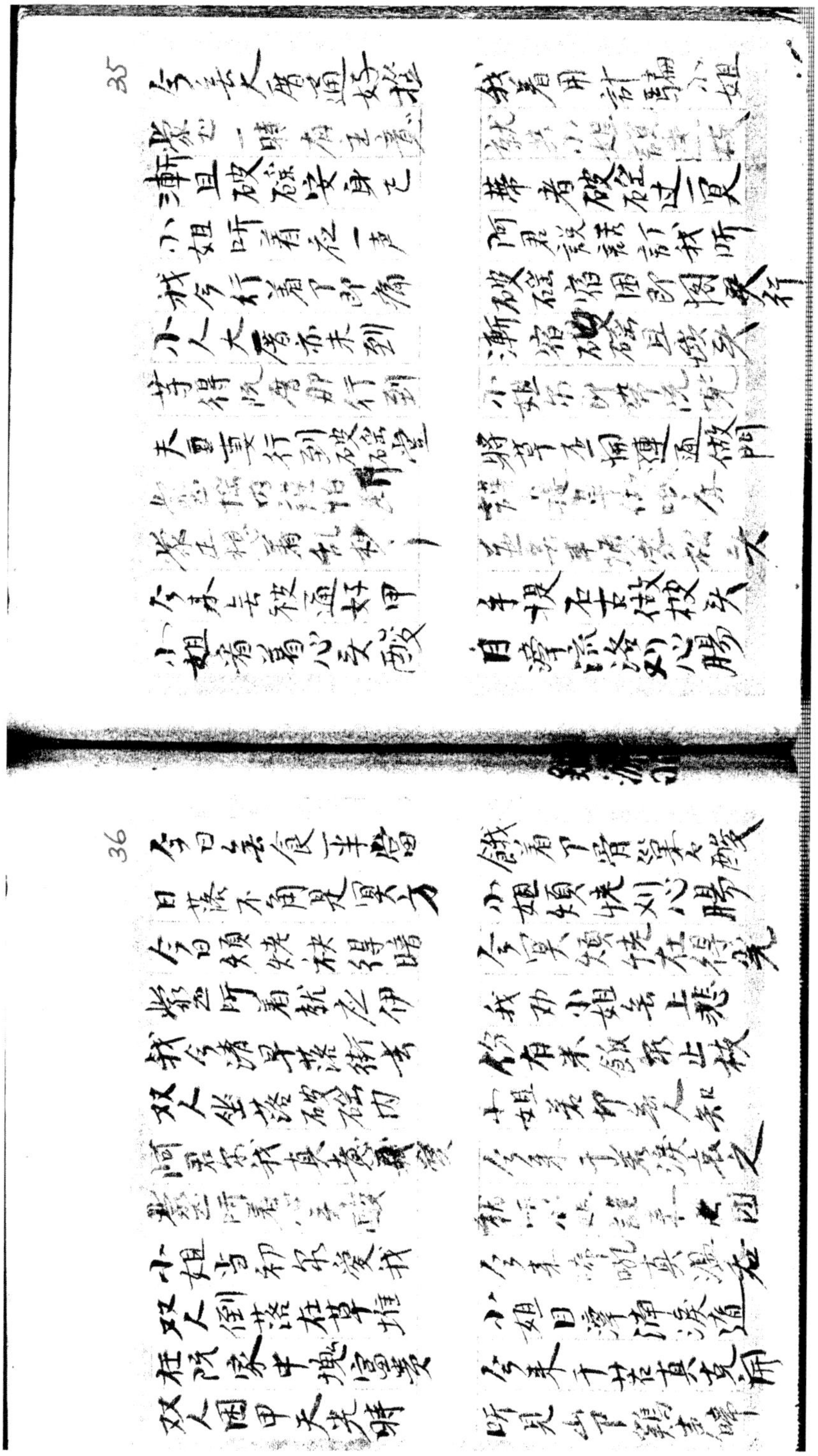

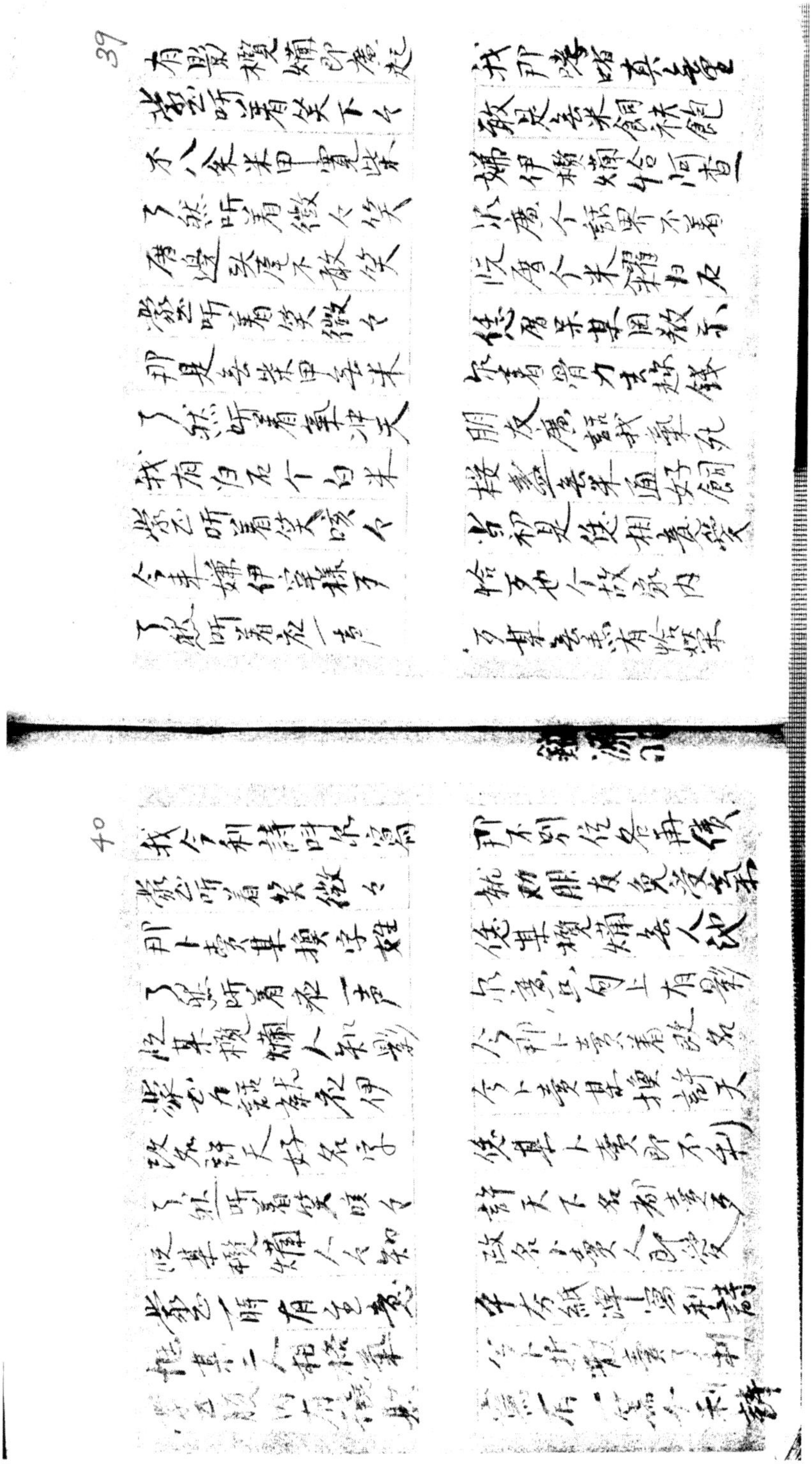

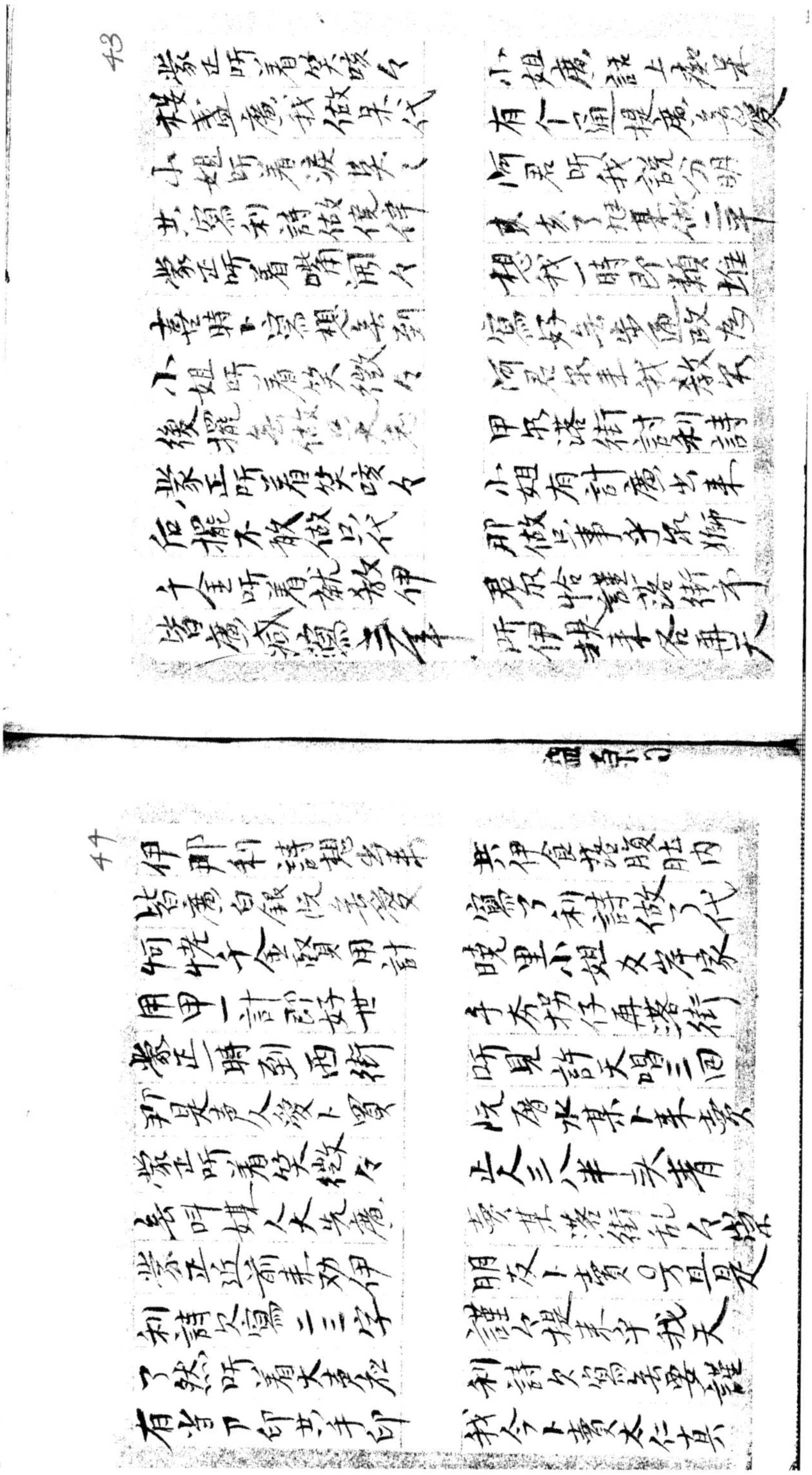

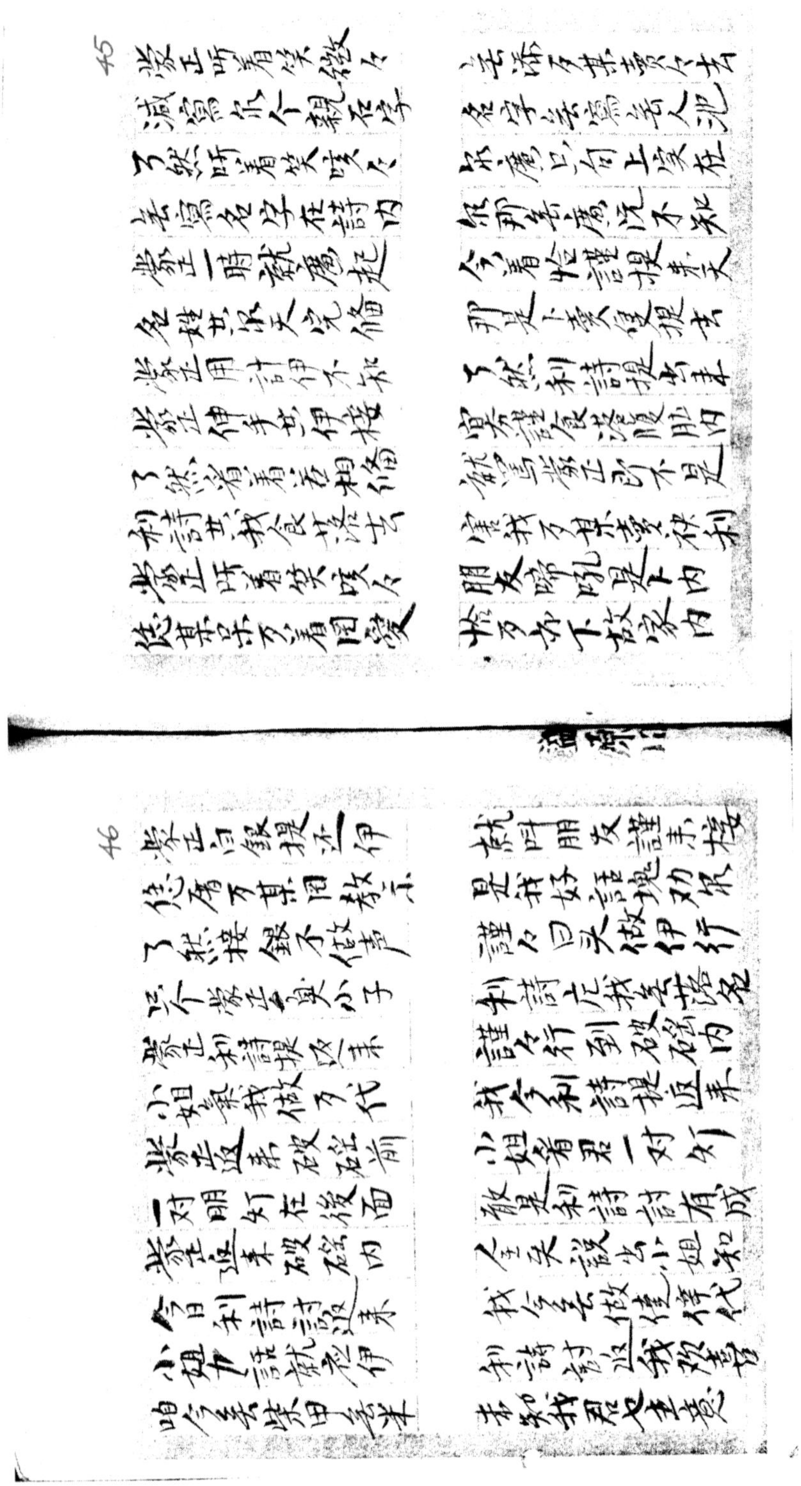
45
46

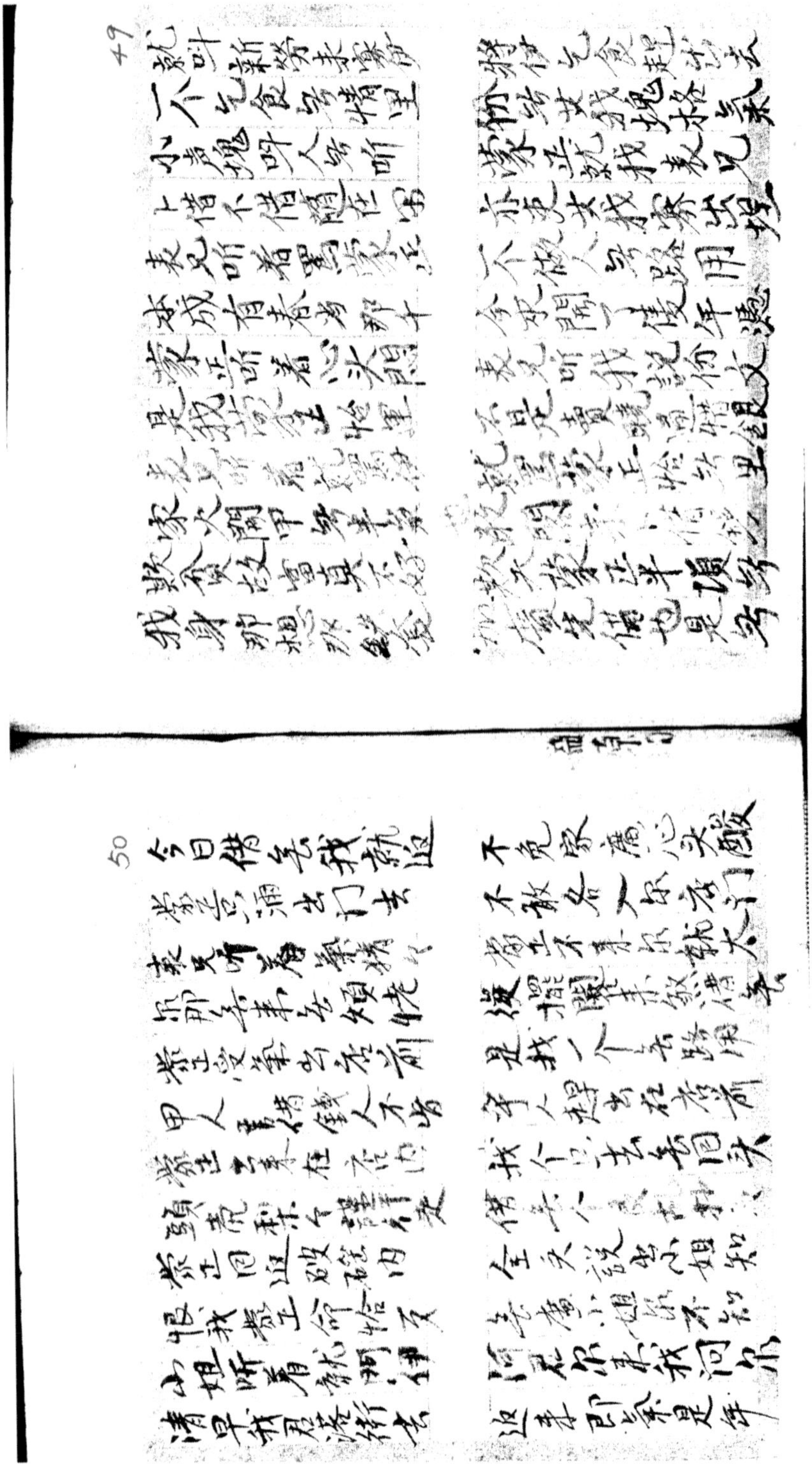

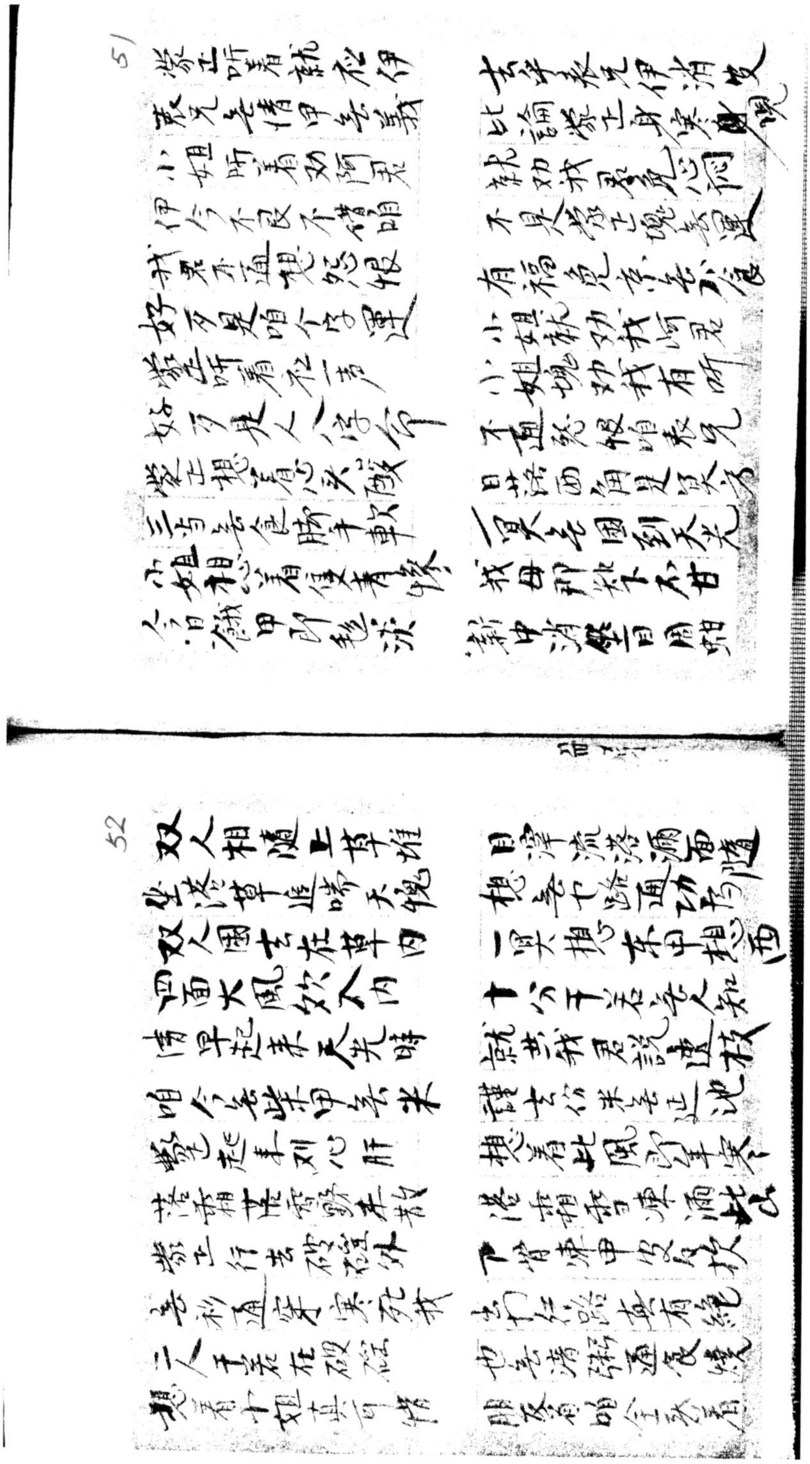

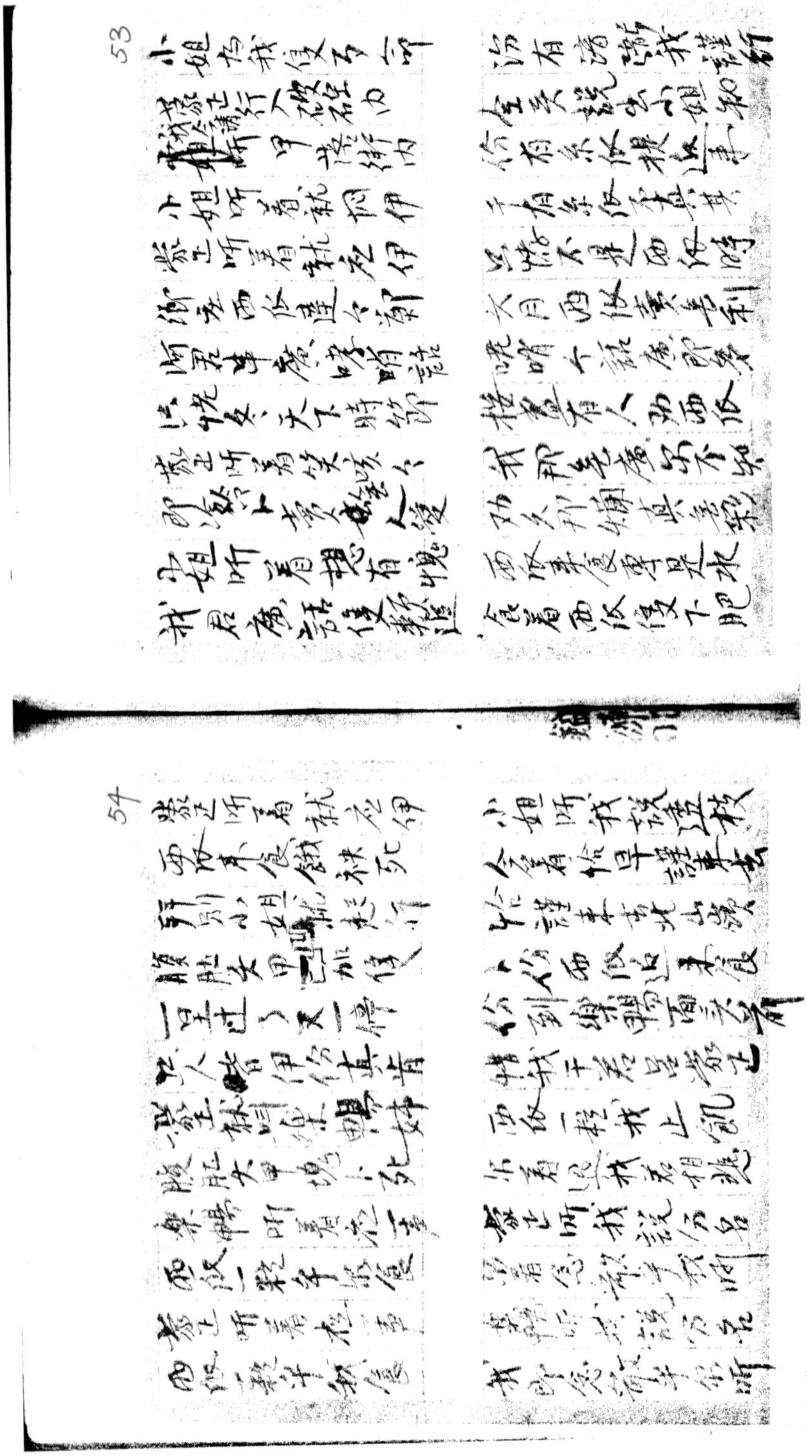
53
54

55

附 錄 六
自藏手抄本甲《三碧英台全歌》唱詞

昭和八年拾二月起立

英台歌全部

1

唱出英台分恁聽　　並無姊妹弟共兄
爹媽若切叫無子　　英台拱手出大廳
勸爹勸媽心莫悲　　那有英台一女兒
咱厝田園祖業多　　子兒愛卜讀書詩
爹媽勸子先不可　　滿學盡是乾埔人
丹花獨樹人愛採　　採了花心亂花欉
英台見說有主張　　脫落衣冠換衣裳
牡丹假做丹桂樹　　尾葉在敢來思量
內面嫂嫂得知機　　走出大廳來問伊

2

此去書籠挑書詩　　返來書籠挑孫兒
英台見說氣沖天　　嫂嫂言語較相欺

你姑若無清節義　　綾羅牡丹做證見
就剪綾羅七尺來　　埋在牡丹花盆內
你姑只去無清節　　綾羅枯爛牡丹開
爹媽看子堅心意　　提出銀兩做盤纏
路上須要着細字　　出外不比在厝時
英台心內有主意　　就叫人心吩咐伊
衣裳籠箱款齊備　　隨阮杭州看景致
拜爹拜媽出大門　　爹媽看子心頭酸
子你不捌出外去　　未知出外何時返
英台力話就應伊　　勸共媽親心莫悲

3
杭州約定有三年　　三年完滿返鄉里
拜別爹媽出大門　　行到五里腳又酸
五里堂上好景致　　十里堂下好客堂
雙人行到大路西　　前面遇著兩人來
緊緊近前相同問　　客官秀才對路來
貴教賤兄說阮知　　小人姓祝名英台
愛卜杭州讀書詩　　嘴來吟詩這路來
三伯是大做兄哥　　英台是小做小弟
雙人行到杭州市　　一齊入學拜先生
先生問伊乜事志　　卜學做對共吟詩
先生說還學先聽　　卜學須著堅心成
學卜文章滿腹內　　將欠有時點頭名

4
英台讀書有名聲　　吟詩做對點頭名
哪有一事不方便　　著學女人來所行
英台三伯同一床　　一條汗巾隔中央
著人翻過汗巾界　　着罰紙筆滿學內
英台半睏又半醒　　假意翻身翻過界
三伯看見笑一聲　　呵咾梁兄好所行

－320－

等候天光買紙筆　　分送滿學學生兄
英台做人眞厲害　　終日放尿無人知
人說一時青春無二時　　何用苦苦悶憔悴
三伯力話就應伊　　貪花亂酒無了時
恐畏先生返來學　　甲咱唸書半字無
英台力話就應伊　　人說青春無二時

5

隨阮花園看景致　　一時一刻返鄉里
三伯聽說心歡喜　　一時入內收書詩
邀阮遊賞眞好事　　兄弟相邀就來去
雙人行到花園邊　　看見百花開齊備
亦有牡丹對金菊　　自有木梨對薔薇
牡丹開花笑微微　　木梨含蕊正當時
亦有剪絨向日葵　　夜合不開格含蕊
採蓮開花笑微微　　玫瑰開花清香味
大紅開花紅枝枝　　樹梅開花上元冥
綢春開花眞是水　　金艮開花不成鬼
樹蘭開花結成瑞　　含笑開花乎大蕊
月香開花能吐篙　　園邊一叢英瓜桃

6

亦香鳳蔥對蘆薈　　一盆水水水仙桃
水錦開花白猜猜　　樹梅開花無人知
瑞香開花做一排　　好笑梁兄眞痴呆
梧桐開花葉能飛　　樹梅開花無處尋
鳳鼓開花能吐心　　荔枝開花值千金
二人相看情意深　　文良焦贊暗點兵
哥你相似楊宗保　　小弟相似穆桂英
馬蹄開花白波波　　花園一叢是葡萄
看見光景甚然好　　英台賞花無奈何
尾蝶開花能吐秋　　亦有番姜對謝留

賞有梧桐對梓荊　　園邊一叢大金英
仙丹開花朱朱紅　　加晚開花害死人

7

金針開花岩岩岩　　菱角開花在深潭
山茶開花眞久長　　碎插開花變地黃
月見開花鵝蘭色　　園邊一叢觀音竹
見少開花葉⊙空　　亦有扁柏對鹿蔥
黃枝開花清香　　　牡丹開花割吊人
春梅開花即含露　　一叢楊柳垂落土
山茶開花滿山埔　　龍船開花結成謨
百花賞了都完備　　英台伸手摘一枝
一蕊牡丹開即透　　摘來共君插上頭
三伯被插面帶紅　　就罵賢弟不是人
你我同同男人漢　　力我女子來打扮
英台被罵笑文文　　共哥插花佮哥滾

8

英哥插花愛哥水　　哥你應話恰蠢笨
花邊過了是池邊　　鴛鴦水鴨相交纏
禽鳥亦有成雙對　　梁兄你我來學伊
三伯聽說笑微微　　賢弟亂言說啥乜
你我同同男子漢　　總無七尺對齊眉
英台看見中心意　　牽卜梁兄來看伊
禽鳥因何即有義　　梁兄你我做再年
三伯見說氣沖天　　障般禽鳥無廉恥
手提石頭當落去　　鴛鴦水鴨折兩邊
英台看見心相悲　　就罵梁兄恰不是
自古賢人有說起　　打破因緣無卜哞
池邊過了是亭內　　亭內四幅古書詩

9

全望梁兄共阮說　　全頭說出阮知枝

賢弟近前聽說起　　一幅孔明扶劉備
關公張飛三結義　　扶卜劉備去坐天
二幅昭君第一水　　看延春相似鬼
昭君出塞面憂憂　　卜斬奸臣毛延壽
三幅雪梅即義全　　獨守商輅中三元
商輅後來會長志　　全城起廟立石碑
四幅姜女心頭酸　　堅心卜尋范杞郎
弓鞋短小步難行　　行到城邊哭倒城
只幅古書較文理　　亦有文君對相如
文君相如情意好　　後來雙人結翁婆
三伯聽說氣沖天　　賢弟亂言說啥乜

10

你我平平男人漢　　總無七尺對齊眉
英台被罵笑微微　　好笑梁兄真呆痴
土做面頭袂起酵　　豬母上樹驚半死
英台跍落在池邊　　肚裙失落人看見
滿學學生盡笑伊　　英台女子假男兒
士久看見笑微微　　就共官人說透枝
聲聲說伊男子漢　　因何肚裙點胭脂
三伯相信亦相疑　　就問賢弟是再年
小弟不是真男兒　　敢來對頭讀書詩
英台一時心驚疑　　驚人露出伊根枝
爹媽甲阮清節義　　收收返到較便宜
英台心內有主意　　就共三伯說因伊

11

百花賞了都完備　　看回書館讀書詩
英台心內有主意　　提出束金送先生
學生出來年月久　　今旦愛卜返鄉里
三伯近前來勸伊　　賢弟再讀到三年
兄弟同窗三年滿　　梁兄送你返鄉里

不須梁兄你留我　　千留萬留我不待
小弟出來年月久　　恐畏爹媽後頭看
三伯聽著心頭悲　　賢弟即緊卜返去
至好兄弟卜分開　　乞你梁兄送幾里
雙人相送出大門　　遇著一位賣花郎
小弟買花共哥插　　梁兄不是插花郎
雙人行到大路邊　　遇著一對白鷺鷥

12

小弟吟詩哥不識　　梁兄做人眞呆痴
英台暗寫書一封　　結在梁兄衫後裾
二八三七四六定　　哥你千萬我曆行
二八三七四六期　　哥你可煞忘記
阮曆小妹卜綴你　　生做與我一般年
叮嚀幾句梁兄知　　二八三七四六來
哥你千萬記心內　　免阮心內難等待
雙人離別返家鄉　　拜爹拜媽換裳
脫落頭上黃巾帶　　梳粧打扮是婆娘
爹媽看子心歡喜　　子今讀書返鄉里
內面嫂嫂得知枝　　走出大廳來問伊
姑你杭州讀書詩　　今旦有食新巧味

13

綾羅七尺不枯爛　　牡丹不開有三年
英台聽說氣沖天　　嫂嫂言語較相欺
你姑若無清節義　　綾羅控起紅支支
嫂嫂力話就應伊　　勸共姑姑無愛氣
你去三年清節義　　嫂嫂心內都歡喜
英台行入花園邊　　看見牡丹心歡喜
爲阮三年不開花　　感謝恩得大如天
聽唱馬曆買家庄　　馬家一位名俊郎
年中拾八未分對　　央託媒人捧檳榔

越州一位祝英台　　杭州讀書即返來
聞說精神嫌伶俐　　桃花面貌柳葉眉
媒人愛錢無嫌遠　　隨時行到祝家庄

14
安人出來相借問　　末知婆婆帶何方
媒人聽說笑微微　　就共安人說透枝
馬家央託一事志　　愛卜員外求親義
員外聽說心歡喜　　就共安人說透枝
男大當婚女當嫁　　咱子親情去配伊
安人聽說歡喜　　就共員外說透枝
咱子親成合道理　　出在員外你主意
員外心內有主意　　就共媒人說透枝
甲伊送物來定聘　　一話說出無差移
馬俊好日來定親　　盤擔盡是銀共金
綾羅金針幾十對　　英台看見不動心
英台坐落悶無意　　共哥斷約有定期

15
二八三七四六定　　梁兄因何無聽行
約起日期予哥猜　　二八三七四六來
是哥呆痴猜不出　　虧得越州祝英台
一更過了二更來　　英台想君無人知
杭州佮哥同結拜　　梁兄帶東阮帶西
二更過了三更時　　就罵馬俊臭早死
梁兄佮阮好兄弟　　在昔因緣匹配伊
武州一位梁兄哥　　聰明伶俐世間無
聰明伶俐世間水　　為伊割吊悶憔悴
英台睏去愛眠夢　　夢見梁兄入阮房
果然更鼓鬧我醒　　醒來獨枕睏單人

16
英台眠夢頭就眩　　腳酸手軟袂翻身

那無梁兄可做陣　　任阮先睏袂落眠
三更過了四更催　　捻起拳頭連胸搥
一世共伊無緣份　　死了共君一做追
躂起錦帳割心肝　　想著梁兄千萬般
床中夢醒無可看　　孤燈獨枕乜睏單
祝媽內面親听見　　听見內面乜人啼
子你為著乜事志　　全頭說出母知枝
英台見說湳淚啼　　媽親聽子說透枝
那無梁兄見子面　　想子一命歸陰司
媽親听說心頭酸　　捧出一碗藥茶湯

17

英台我子食幾嘴　　不免你母割心腸
英台見說淚哀哀　　將藥稟過爹媽知
母親比做三伯哥　　只藥免食子都好
祝媽聽說氣沖天　　就罵英台真敢死
自己事志亦仔說　　不驚別人說笑你
英台心內有主意　　就叫瑞香吩咐伊
你今對頭去等接　　等接同窗我兄弟
瑞香做嫺有主意　　手攑掃帚入房去
姑娘叫阮去等待　　等待武州梁秀才
杭州讀書三年滿　　朝廷選入去做官
滿學書友盡選去　　虧得三伯守孤單
三伯拜過先生知　　學生卜探祝英台

18

未知越州路值去　　全望先生說阮知
先生聽說就罵伊　　就罵三伯真呆痴
英台甲你結兄弟　　因何伊厝末知枝
三伯力話就應伊　　先生無說我不知
英台路中同結誼　　全望先生說透枝
先生說予學生聽　　卜去越州三日行

英台厝在越州內　一叢丹桂在牆西
三伯聽說心歡喜　拜別先生返鄉里
就叫士久來隨阮　隨阮越州探兄弟
三伯拜過爹媽知　子兒卜探祝英台
念及同窗好書友　伊厝住在越州內
爹媽說出子兒知　你今愛探祝英台

19

路上晏行著早宿　早去須就早返來
三伯心內有主意　就叫士久款行李
包袱雨傘款齊備　隨阮越州探兄弟
士久聽說心歡喜　就牽白馬來掛鞍
官人卜探祝英台　士久卜探人心觀
三伯騎馬就起行　士久後面叫一聲
官人路上著等候　士久隨後慢慢行
一庄過了又一庄　無看越州心頭酸
想着越州路即遠　予阮暝日割心腸
一山過了又一山　看見越州心歡喜
路邊有花阮不探　就叫士久去探箸
雙人行到祝家庄　遇著隨香來探⊙

20

士久近前相借問　英台秀才厝何方
瑞香客官說乞聽　念嬭說話卜分明
阮厝英台是娘子　阮厝英台秀才名
恁厝英台是怎樣　阮厝英台是婆娘
桃花刺繡兼識字　吟詩作對無人比
三伯聽說心歡喜　整起衣冠去探伊
人說上山看山勢　又說入門看人意
門前掛起珍珠籬　校椅漆棹排兩邊
這處卜是賢弟厝　正厝富貴人子兒
瑞香稟過姑娘知　對面二位客官來

－327－

路上共嬋相同問　　說伊武州梁秀才
英台刺繡在廳邊　　看見人來迴避

21

入內洗落胭脂粉　　打扮男粧來相見
拜別梁兄一出時　　勞煩玉步來到這
今旦兄妹得相見　　恰似雲開見月時
雙人接禮都不知　　慌忙弓鞋穿出來
三伯見鞋笑微微　　士久憨憨笑不知
就叫人心放落扇　　即知賢弟是女兒
當初賢弟真乖巧　　自恨梁兄真呆痴
約起日期予哥猜　　二八三七四六來
是哥痴呆猜不出　　虧得越州祝英台
二八三七是十日　　賢弟說話無老實
是歌一時猜不出　　猜來猜去一月日
祝媽內面聽一見　　出來大廳問子兒

22

只人何方人民氏　　因何你母不識伊
英台說出媽親聽　　只人厝在武州城
杭州甲子同結拜　　姓梁名叫三伯兄
媽親聽說笑微微　　武州秀才你就是
我子返來有講起　　秀才照因我子兒
三伯聽說笑微微　　賢弟母親你就是
你子佮我結兄弟　　就是父母一般年
媽親聽說心歡喜　　說共安童說透機
秀才咱厝不捌來　　合該設筵相款待
三伯力話就應伊　　祝媽不可所費錢
武州刁來探兄弟　　合該隨辦恰敬意
媽親心內有主意　　差人落街辦五味

23

就叫安童攑桌椅　　備辦筵席來請伊

媽親心內有主意　　請卜梁兄來坐椅
秀才東爿你去坐　　西爿我子坐伴你
秀才阮厝不捌來　　阮今無物可款待
三伯力話說應伊　　今日祝媽使費錢
武州刁來探兄弟　　合該隨辦恰敬意
祝媽力話就應伊　　今日隨辦來敬你
英台心內有主意　　就叫人心吩咐伊
士久甲你好情義　　合皆叫來款待伊
三伯聽說就罵伊　　奴才士久恰不是
武州刁來探兄伊　　祝媽那知討燕氣

24

英台力話就應伊　　梁兄食酒無受氣
是伊二人好情誼　　管伊東西是卜年
雙人飲酒都無話　　三杯酒後即交杯
三伯伸手接一杯　　伸腳踏著娘弓鞋
英台被踏不做聲　　人心說還士久聽
阮厝娘仔配人了　　枉恁官人費心成
多多拜謝士久哥　　共恁官人說下落
阮厝姑配馬俊　　　愛卜相見只一陣
三伯飲酒說因伊　　小妹著念當初時
當初共你結兄弟　　今旦望娘結親義
英台力話就應伊　　今來求親不及時
爹媽先收媽家聘　　今世無緣後世來

25

杭州讀書拜別時　　叮嚀幾句哥知枝
二八三七四六定　　哥你千萬阮厝行
三伯見談淚哀哀　　自恨當初是我呆
二八三七是十日　　猜來猜去哥不知
英台力話就應伊　　哥你不可說自己
天地註定你共我　　愛卜相見總有時

三伯見說淚屎流　　雙手伴在娘肩頭
一世甲我無緣份　　死了共娘做一群
英台見說淚哀哀　　頭上金針拔落來
面前無物做為記　　見針就是見英台
三伯接針湳淚啼　　並無寶器在身邊
三股頭毛剪一股　　奉送小妹帖鬢邊

26

英台接鬃心頭酸　　自恨爹媽無存長
杭州返來未外久　　力子親成配馬郎
祝媽內面親聽見　　亦來大廳罵子兒
雖然學中有結誼　　馬俊若知心掛疑
英台力話就應伊　　爹媽勿得費心枝
共子同學有三年　　三年完滿結親義
三伯見說湳淚啼　　拜謝小妹返鄉里
自恨命內無福義　　無緣兄妹拆分離
英台勸哥心莫悲　　不可損害哥身己
天地註定你共成　　愛卜相見總有時
雙人相辭卜分離　　連步行出悶無意
有福註是文中桂　　無緣依舊結兄弟

27

雙人割捨難分離　　士久近前來勸伊
英台見然配人了　　說早回鄉莫延遲
英台想着心傷悲　　三伯騎馬返鄉里
想着當初好兄弟　　寸步難行悶越悲
越州過了越州門　　風吹柳葉心頭酸
爹媽叫嫺去等接　　等卜我子秀才郎
前廳接入後廳堂　　爹媽看子心頭酸
去時面帶桃花色　　返來面帶菊花黃
三伯下馬拜媽親　　媽親聽子說緣因
為著越州一小妹　　冥日淚屎流不盡

越州出有祝英台　　　單身娘仔假秀才
共子同學有三年　　　被伊瞞過子不知

28

媽親近日勸子兒　　　勸共子兒無切啼
央託媒人求親義　　　求卜英台對子兒
三伯力話就應伊　　　咱今求親不及時
英台共你說透枝　　　伊爹先收馬聘儀
媽親近前勸子兒　　　別位花園好花枝
那有英台生義淺　　　別處豈無親淺兒
三伯力話就應伊　　　別處親淺子不挃
別人那有伊親淺　　　亦無腹內親像伊
媽親罵子眞痴呆　　　枉你讀書做秀才
共子同睏有三年　　　被伊騙過子不知
三伯力話就應伊　　　就共媽親說透枝
英台小妹好計智　　　瞞過學中無人疑

29

誰人翻過汗巾界　　　著罰紙筆滿學內
恨咱家中恰無錢　　　不敢過界去摸伊
若是一時翻過界　　　罰卜紙筆滿學內
士久出來笑希希　　　官人說話眞呆痴
英台佮你同結拜　　　敢是假憨激不知
三伯力話就應伊　　　恨咱家中恰無錢
那是翻身無了錢　　　隨時捕來見先生
媽親罵子呆如土　　　枉你出世做乾埔
男人步粗女步幼　　　袂認聲音看腳步
自恨爹媽先咱憨　　　來予英台設甲狂
睏到眠床鎮一半　　　總是未睏先格頓
媽親罵子眞是憨　　　袂曉聽伊鼻孔風

30

那是有睏風就順　　　那是無睏風做陣

三伯被罵就應伊　　英台小妹好計智
自古及今無這理　　亦無女子假男兒
士久出來說憨話　　官人讀書卜狼狽
官人去讀三年書　　今旦返來想仙女
三伯聽說氣沖天　　奴才士久說啥乜
今阮杭州讀書時　　有人竹枇打半死
媽親罵子真忠厚　　袂曉伸手共伊摸
男人胸坎成樓梯　　女人胸坎結二瘤
三伯力話就應伊　　英台共子結兄弟
聲聲說伊真男兒　　予伊騙去咱無疑
人人放尿濺尿桶　　英台放尿濺壁空

31

不驚蚯蚓共蜈蚣　　予我無塊可力掃
士久聽說笑微微　　自恨官人較痴呆
士久聽說笑微微　　官人不識這事志
三伯力話就應伊　　英台共我結兄弟
女子打扮真男兒　　予阮暝日病相思
士久聽說笑嘻嘻　　官人真正憨大豬
官人今日想仙女　　相似山貓想海魚
三伯聽說氣沖天　　奴才士久說啥乜
床鋪共阮安排便　　隨阮入房安自己
日落西角是暗昏　　三伯點燈入房門
一日煩惱袂得暗　　一暝思想袂得光
門樓鼓打一更時　　三伯被上滴淚啼

32

人有成雙共成對　　虧我孤單過長暝
一更過了二更來　　三伯枕上淚哀哀
我今這病為乜代　　為著越州祝英台
二更過了三更催　　提起拳頭亂胸搥
自恨命內無福份　　自入寶山空手歸

三更過了四更場　　恨著越州薄情娘
無緣英台空騙我　　恰似燒子斷頭香
四更過了五更在　　三伯思想淚哀哀
英台小妹生得水　　爲伊思想病返來
五更落來天漸光　　三伯沈重袂起來
人命睏乜能障短　　一暝五更即久長
早間起來天光時　　媽親入房勸子兒

33

子你自己著呆情　　不可暝日思想伊
三伯見說淚紛紛　　飯今袂食泔袂吞
那無英台見子面　　想子一命見閻君
媽親力話就應伊　　子你亂言說啥乜
你母單養你一身　　全望天地相保庇
三伯想着滴淚啼　　就共爹媽說透枝
人說思想七日過　　七日袂食歸陰司
爹媽見說心頭酸　　捧出一碗清水飯
勸共我子食幾嘴　　免得你母割心腸
三伯見說淚紛紛　　捧到嘴口無愛吞
若無英台見子面　　想子一命見閻君
爹媽勸子先不可　　你母單養你一人

34

子你今日先過世　　你母年老靠誰人
爹媽說話達道理　　紙筆提來我題詩
寫卜幾句知心話　　寄與英台得知機
三伯暗寫書一封　　結在鶯哥翼下縫
你今飛去尋英台　　不可宿落在東西
叮嚀幾句鶯哥知　　緊緊飛去見英台
英台厝在越州內　　一叢丹桂在牆西
鶯哥騰空飛起來　　看見丹桂在牆西
緊緊宿落丹桂樹　　聲聲叫出祝英台

英台刺繡在後廳　　聽見乜人叫我名
放落針線出來看　　原來都是鶯哥聲
鶯哥見娘宿落土　　英台伸手翼下摸

35

摸著鶯哥翼甲下　　一封書信放落土
英台看書著一驚　　緊緊寫書回梁兄
一弓在可安兩箭　　在可一馬掛兩鞍
書今卜回梁兄知　　全頭至尾說落來
爹媽先收馬家聘　　一世無緣後世來
書內討卜四藥方　　討卜龍肝共鳳腸
討卜錦雞頭上髓　　討卜六月曆上霜
討有只藥救得起　　討無只藥必定死
梁兄十分九分死　　死了墓葬大路邊
墓卜坐東面向西　　亦卜青灰石墓牌
墓牌打出梁三伯　　小妹有日只路來
英台見說心傷悲　　仁心提筆我寫詩

36

寫卜幾句知心話　　送與梁兄得知枝
書今寫了淚哀哀　　結在鶯哥翼甲內
只書鶯哥帶返去　　緊緊去報梁兄知
叮嚀幾句鶯哥知　　不可失落在東西
鶯哥速速飛返來　　放落書信三伯知
士久提批走入來　　報過官人爾得知
鶯哥代我一封書　　未知白紙寫烏字
三伯聽說心歡喜　　批信拆開就讀起
看見書中淚哀哀　　並無配藥鶯哥來
早間起來天光時　　媽親入內探子兒
英台回批乜事志　　全頭說出我知枝
三伯見說滴淚啼　　就共爹媽說透枝

37

想子一命總能死	死了墓葬大路邊
墓卜坐東面向西	愛卜青灰石墓碑
墓碑打出子名字	英台有日這路來
媽親聽說若傷悲	子你亂言說啥乜
你母單養你一身	全望天地相保庇
三伯說話未幾時	一時絕氣歸陰司
一家大小湳淚啼	相似春雨淚淋漓
爹媽哭子心頭酸	死了子兒割人腸
暝日無子可見面	你母煩惱卜在哞
死爹死母眾家喪	死子死兒割人腸
自恨祖公無保庇	克虧我子一身死
士久出來氣青青	官人見死不復生

38

官人為著伊身死	去報英台是再年
安人心內有主意	就共士久說透枝
士久奉令就起行	即時去到越州城
能得見著英台面	英台聽我說緣因
士久說出湳淚啼	就共英台說透枝
阮厝官人為你死	末知英台乜主意
英台見說湳淚啼	想着梁兄好兄弟
望卜梁兄好百年	無疑今旦代先死
英台想着那傷悲	今旦兄妹拆分離
說伊一病為阮死	阮今無心可送伊
英台一時有主張	櫸起鎖匙開籠箱
提出白銀百二兩	奉送梁兄做和尚

39

英台提銀走出來	全頭說出士久知
百二銀兩你帶返	奉送官人去收埋
士久接銀淚湳啼	呵咾英台有情義

阮厝官人自然死　　留阮士久是卜年
英台力話就罵伊　　就罵士久恰不是
阮是當初好兄弟　　奉送梁兄打庫錢
人心聽說心傷悲　　就共士久說透枝
身中只有十二錢　　寄乎官人買紙⊙
士久力話就應伊　　阮厝官人有保庇
呵咾人心有情義　　保庇你嫁先生兒
英台力話說應伊　　奴才士久說啥乜

40

是阮當初如兄弟　　奉送梁兄好行誼
士久接錢滴淚啼　　感謝娘嫺深恩義
阮厝官人見然元　　冗早回鄉無延遲
士久提銀百貳兩　　奉送官人做和尚
爹媽見銀滴淚啼　　呵咾英台有情義
無說我子為伊死　　英台心內有帶誼
士久一時有主意　　就共安人說透枝
棺槨衣裳買齊備　　可共官人打庫⊙
早間起來天光時　　三伯去葬南山邊
安人一時有主意　　差人買辦發獻伊
死爹死媽眾家喪　　死了人兒割心腸

41

子送父母自古有　　父母送子割心酸
爹媽看子上南山　　虧得父母守孤單
子你死去無聽看　　你母暝日割心肝
三伯葬子都完備　　安排靈桌在廳邊
靈前不斷香共火　　準做在生一般年
安人一時有主張　　就共士久細思量
你今落街請和尚　　請卜和尚做一場
和尚請來就排壇　　厝邊頭尾走來看
人馬就用二十對　　並無顧壇添火碗

東爿馬鼓鬧猜猜　七個和尚做一排
做卜三朝大功德　超渡我子上天台
馬俊看日清吉時　就共爹媽說透枝

42

拾月廿六好日子　卜娶英台無延遲
爹媽心內有主意　差人落街糴秫米
秫米糴來五石二　請卜大家來食圓
早間起來天光時　厝邊頭尾來食圓
大人扒起代先添　亦有牽子共抱兒
亦有相爭做頭前　大碗損破做二爿
家長出來曝曝跳　跳恁大家無鼻嬲
請恁食圓好代志　打破大碗無吉兆
馬俊好日卜來娶親　一頂大轎掛金龍
亦有放炮共桃燈　四個打鑼做頭前
鼓吹⊙鼓鬧猜猜　十月廿六娶英台
眾人歡喜在心內　媒人坐轎做前來

43

娶嫁人馬二百名　四個開道共喊聲
龍虎唱道紅老箮　旗斗执事照隊行
一枝涼傘掛三層　二面馬鑼知知陳
娶嫁人馬鬧欣欣　轎前陣陣是八音
英台聽見氣沖天　就罵馬俊鼻早死
想着梁兄好兄弟　在昔姻緣匹配伊
媽親近前勸子兒　勸共子兒無切啼
三伯共你無緣份　去綴馬俊食百年
英台心內有主意　就共媽親說透枝
是我命內無福氣　南山自盡亦未遲
媽親近前勸子兒　是我當福無主意
不合先收馬家聘　梳粧打扮無延遲

44

馬俊娶妻親身來　　厝邊頭尾看子婿
看見馬俊生做呆　　恰似好花插牛屎
英台打扮㔷伶俐　　媽親扶子入轎去
嫁妝物件款齊備　　英台轎內滴淚啼
英台看見心傷悲　　無彩爹媽了憨錢
看見嫁粧躦躦鄭　　英台想着若切啼
娶嫁人馬就起行　　英台啼哭煞失聲
看見嫁粧幾十檻　　費了爹媽个心成
人馬挨挨滿滿是　　一時行到南邊
英台轎內看一見　　看見梁兄一名字
英台轎窗看一見　　看見梁兄个墓牌
當初相好同結拜　　落轎祭獻合應該

45

英台心內有主意　　就叫媒人說透枝
我今一時腹肚痛　　敢是大墓卜討命
媒人聽說笑微微　　新娘敢是放尿時
緊緊近前相同問　　因何宿轎大路邊
英台力話就應伊　　就共官人說透枝
這人共我好兄弟　　愛卜落轎祭獻伊
馬俊聽說氣沖天　　就共賢妻說透枝
好時好日卜同房　　乎你南山拜死人
媒人力話說應伊　　勸恁雙人無受氣
雙人相炁返鄉里　　後日祭獻亦未遲
英台聽說氣沖天　　轎內共伊展身勢
若是不肯我祭獻　　南山自盡總未遲

46

馬俊聽說心驚疑　　勸共娘仔無受氣
隨時差人落街市　　去買三牲祭獻伊
英台落轎獻紙金　　不准閒人近身邊

梁兄一身爲阮死　　小妹刁來祭獻伊
一拜梁兄情意好　　二拜梁兄爲阮無
三拜梁兄早同學　　四拜梁兄心肝憒
祭文讀了淚哀哀　　一時跪落墓前來
望卜梁兄成雙對　　無疑兄妹拆分開
英台祭墓開聲哀　　拔起金針扣墓牌
有靈有聖墓門開　　無靈無聖馬俊歸
三伯果然有靈聖　　清天白日墓門開
英台慌忙入墓內　　馬俊肚裙提出來

47

一陣娶嫁嘴開開　　今有乜步通改爲
誰知三伯有靈聖　　今旦娶嫁著空行
馬俊小妹倚花叢　　半路等接轎空空
虧我爹媽送銀聘　　又虧我哥守空房
媒人娶空返到來　　爹媽出來問東西
好時好日娶媳婦　　因何空轎扛到來
馬俊見問不做聲　　媒人說出爹媽聽
娶對三伯墓前過　　英台卜祭伊梁兄
不合官人都聽伊　　一時宿轎大路邊
眾等宿在有一里　　不用別人近身邊
英台祭墓扣墓牌　　墓牌扣開無人知
英台鑽入墓空內　　無奈空轎扛返來

48

爹媽見說氣沖天　　就共馬俊說透枝
就叫人工去掘墓　　試著墓內是再年
掘開墓內人不見　　一對尾蝶相交纏
馬俊看見卜掠伊　　黃蜂尾蝶滿山是
墓內掘開又空空　　那有二塊青石枋
人馬挨挨都來看　　看見青石割吊人
一塊扛去大溪西　　發杉發竹做一排

－339－

杉竹原來成雙對　　正是三伯共英台
一塊扛去大溪口　　大風大水都來流
諸親百戚都來看　　看見石枋淚屎流
馬俊想着氣沖天　　就罵英台是妖精
想着不願氣半死　　即是咬舌歸陰司

49
馬俊死到枉死城　　枉死城內朱人驚
手提竹杯共訴呈　　卜乎閻王斷分明
馬俊陰魂不甘願　　閻王店前來訴冤
那恨三伯恰不是　　白日強奪我妻兒
閻王坐落審問伊　　全頭說出我知枝
你來殿前已大志　　就罵馬俊恰不是
馬俊跪落說因伊　　閻王聽我說透枝
自恨三伯恰無理　　陽間霸佔我妻兒
閻王聽說氣沖天　　就罵馬俊恰不是
三伯只人歸亡早　　大膽⊙告這事志
馬俊跪落哭哀哀　　好時好日娶英台
娶過三伯墓前來　　英台鑽入墓空內

50
閻王聽說亦可疑　　就叫小鬼吩咐伊
長籤短棗交付你　　卜掠三伯一名字
三伯掠來真歡喜　　看見閻王笑微微
未知吊我已代志　　全頭說出小人知
閻王坐堂審問伊　　就罵三伯恰不是
馬俊殿前來聽起　　陽間霸佔伊妻兒
三伯跪落訴因伊　　閻王聽我說透枝
英台是我个妻兒　　馬俊告我無道理
閻王聽說氣沖天　　就罵三伯恰不是
是好是呆照實說　　免我面前受凌遲
三伯一時跪落去　　閻王聽說我透枝

我祖武州人子兒　　卜去杭州讀書詩

51

出外從聽杭州市　　路上相逢英台見
假做男粧去讀書　　樹下結拜為兄弟
同床同枕不知枝　　讀到三年無人疑
伊今先辭先返去　　後來我者去探伊
探伊英台是女兒　　害得三伯病相思
鶯哥送書結親義　　死了梁我作妻兒
不合當初相聽斷約　英台入內來相見
不是大膽障行宜　　又是註定無差移
閻王不問押一邊　　就叫小鬼叮嚀伊
長籤短稟交付你　　卜掠英台一名字
英台跪落說因伊　　閻王聽我說透枝
三伯是我親夫兒　　馬俊只人不識伊

52

閻王聽說氣沖天　　就罵英台恰不是
是真是實照實說　　免我面前受凌遲
英台一時跪落去　　閻王聽我說透枝
厝在越州人民氏　　女扮男粧讀書詩
遇到三伯路上行　　雙人結拜為兄弟
三伯讀書同床枕　　遇著三月賞花名
同窗朋友心掛疑　　疑我一身是女兒
提出束金送先生　　共伊相辭返鄉里
三伯念我同窗時　　相探我厝結親義
不合先收馬俊聘　　害得三伯病相思
英台送書結親義　　死後乎伊做妻兒
說伊若死歸陰司　　墓葬南山大路邊

53

一陣娶嫁大路行　　甲人買辦祭梁兄
不合當初相斷約　　馬俊娶我我成

閻王發怒就罵伊　　障般婆娘有情義
今且死了由在你　　願做乜人个妻兒
英台跪落說因伊　　閻王聽我說透枝
三伯為我歸陰司　　願做三伯个妻兒
閻王一時有主意　　就共馬俊說透枝
英台卜是你妻兒　　你今有乜做為記
馬俊跪落滴淚啼　　閻王聽我說透枝
伊爹收了我聘儀　　將這聘金做為記
閻王聽說氣沖天　　就召簿官吩咐伊
將只簿內展開看　　看伊三人障交纏

54

簿官一時有主意　　大簿展開就讀起
英台註定三伯个　　七娘正是馬俊妻
大簿一張過一張　　英台三伯鴛鴦
英台馬俊你免想　　你妻正是蔡七娘
閻王一時有主意　　就共馬俊說透枝
英台本是三伯某　　杭州七娘你妻兒
馬俊跪落滴淚啼　　七娘嫁我我不挃
祝家收了我聘儀　　全望判歸正合理
閻王聽說氣沖天　　就罵馬俊恰無理
將你掠去落豐都　　十八地獄難出世
馬俊聽說心驚疑　　七娘嫁我乜不挃
全望閻王無受氣　　放阮回陽返鄉里

55

閻王一時有主意　　就共三人說透枝
細查陽壽未該終　　放恁三人回陽去
閻王判明心歡喜　　就共三伯說透枝
放恁三人返鄉里　　不准日後去相爭
閻王判明心歡喜　　就共三伯說透枝
你今回陽讀書詩　　得中狀元你名字

三人食了回陽湯　　　　隨時拜謝閻王君
只是閻王有情義　　　　放阮三人返鄉里
閻王心內有主意　　　　就共馬俊說透枝
英台不該你妻兒　　　　不准陽間霸佔伊
三伯聽說笑微微　　　　閻王說話達道理
放阮三人返鄉里　　　　不知陽間路著去

56

閻王一時有主意　　　　就召雷公來氒伊
引卜三人回陽去　　　　送去陽間無延遲
馬俊食了回陽湯　　　　一時走來到眠床
媽親看見走來問　　　　因何今日能得返
馬俊醒來想不知　　　　爹媽出來問東西
閻王面前告英台　　　　全望我子說我知
馬俊聽說湳淚啼　　　　媽親聽子說透枝
自恨閻王無道理　　　　判斷七娘我妻兒
媽親聽說心頭悲　　　　勸共我子無想伊
自恨英台死賤婢　　　　不是閻王無道理
馬俊見說喃淚啼　　　　就共爹媽說透枝
越州英台生親淺　　　　七娘生做真卻世

57

媽親聽說真呆痴　　　　子你說話憨憨是
英台卜是你妻兒　　　　今日亦無只事志
馬俊聽說回心意　　　　媽親說話達道理
看只英台死賤婢　　　　我今堅心無想伊
英台三伯回陽返　　　　即時行到梁家庄
厝邊嬸姆不敢問　　　　三伯行入大廳堂
媽親大廳走出來　　　　看見三伯共英台
子你死去有即久　　　　因何有命通返來
三伯聽說笑微微　　　　閻王察看陰府司
就共媽親說透枝　　　　判阮二人結親義

媽親歡喜有主裁　　就叫安童面前來
緊寫書信祝家內　　報乞親家親姆知

58

祝媽聽說喜心酸　　一時行到梁家門
梁媽出來相借問　　二個親姆在所堂
祝家一時問東西　　子你今旦乜返來
從來知你這个代　　是乜因由說我知
英台聽說笑微微　　就共爹媽說透枝
只是閻王有情義　　判阮二人結親義
媽親聽說心歡喜　　就共女兒說透枝
且喜子兒成雙對　　夫妻和好到百年
三伯回陽有主意　　刣豬倒羊答謝天
笑謝閻王深思義　　放阮二人返鄉里
且說英台有主意　　勸共官人讀書詩
讀卜文章滿腹內　　不覺朝廷開榜時

59

三伯朝廷卜會試　　英台見說心歡喜
就叫士久款行李　　隨阮官人卜會試
官人路上著慢行　　出外不比在厝時
英台送君出大門　　三伯士久去又達
科場人馬鬧蔥蔥　　科場盡是讀書人
未知三元誰人中　　千萬官人中三元
科場人馬鬧猜猜　　出題榜文人盡知
題出周急不繼富　　又是原斯為之宰
三伯看題心歡喜　　金筆文章作七篇
中得三元第一名　　金花御酒到家期
君王看見心歡喜　　金花賜卿站兩邊
賜卿遊街三日期　　公子王孫盡迴避

60

三伯頭名狀元才　　二名榜眼是王界

三名探花罵元禮　三元及第遊街市
君王登殿笑龍眉　三元及第奏聖旨
賜卿遊街三日是　君王殿上好言開
三卿今日遊行來　寡人今日敕封你
賜你掛遍狀元旗　寡人金言再封伊
賜你大厝帝殿起　三人受封笑微微
扣謝君王出聖旨　賜卿三人返鄉里
我主千秋萬萬年　三人回家鬧蔥蔥
歸班一黨奸臣人　不知奸臣名李立
暗靜寫書通番是　番王接書心歡喜
就召眾番來相議　李立想計通不通

61

恐畏中國有賢人　就將龍珠進朝來
滿朝文武人盡知　誰人穿得龍珠過
西番國王不敢來　君王一時心頭亂
誰人領兵去爭番　爭得番勝回朝返
敕封代代做公郎　君王一時問家臣
三伯返來問夫人　三伯一時回家來
將情說出夫人知　英台見說心歡喜
九曲明珠我知機　九曲明珠穿得過
領令征番無延遲　三伯一時有主意
一時入朝奏聖旨　君主見奏心安靜
聖旨三伯去領兵　領旨軍兵三十萬
軍令劍即盡交伊　若是得勝回朝返

62

封伊代代做公卿　三伯領兵去征番
奸臣李立心不願　若是班師回朝返
就斬李立祭旗員　文武官員不散斷
就共三伯來結冤　三伯領兵征番起
西番王國獻還伊　三伯獻還心歡喜

就問乜人來通你　　國王被問面帶紅
是恁中國做官人　　國王著驚緊來降
正是李立無別人　　三伯聽說就知枝
一時入朝奏聖旨　　三伯清早上丹墀
奏起李立通番時　　君王見奏發怒氣
一時出令卜斬伊　　三伯領令無延遲
李立捕來就斬死　　一家大小能斬死

63

斬得斷根斷利利　　滿朝文武真歡喜
奸臣斬死有天理　　三伯想着心歡喜
斬死奸臣都完備　　君王一時有主意
賜卿恁厝狀元旗　　君王心內想一返
賜你代代做公郎　　又賜寶劍有一枝
先斬後奏無延遲　　三伯一時有主意
一時謝恩返鄉里　　三伯一時回府是
看見夫人笑微微　　三伯一時有主意
就共士久說透枝　　士久結綵都完備
一時落轎去請戲　　戲今請來無停時
刣豬倒羊答謝天　　厝邊頭尾笑微微
果然富貴無人比　　梁家出有狀元旗

64

大家盡多來賀喜　　雙人出來大廳邊
拜謝天地共神祇　　雙人相牽入房去
二人相愛不甘離　　三伯英台有名聲

萬古千秋人傳名

英台歌終（呂蒙正）

1

宋朝蒙正識文章　　恨我命歹不成樣
日來食飽遊街市　　暝來屈守破窯邊

蒙正坐落破窯內　想着苦切無人知
恨我一命甲即歹　枉我讀書做秀才

2

太白星君點分明　化作老公路上行
指點蒙正得知影　就叫蒙正綵樓行
蒙正耳邊親聽見　神仙破窯相點醒
腳酸手軟無愛去　倒落樹腳安身己
太白神仙得知枝　降落土腳指點伊
蒙正秀才即好睏　小姐繡球等待你
吩咐幾句你著記　我卜上天緊來去
綵樓姻緣天註定　註定蒙正配小姐
蒙正樹腳親聽見　神仙樹腳再點醒
吩咐叫我著能記　小姐甲我有情義
夯起拐仔佮加諸　來看綵樓是在年
神仙樹腳來點醒　不知是實亦是虛

3

劉家相府卜招親　生有一子名千金
結起綵樓西街內　娘嫺上樓卜選婿
相府一時有主意　就叫老嫺近前來
卜結綵樓西街內　卜予我子選尪婿
老嫺聽着心歡喜　就共梅香說透枝
卜結綵樓西街內　劉家相府有講起
八月十五日好日子　結起綵樓西街市
小姐樓上親手選　卜選良君相訂意
綵樓結好都完備　報過相府得知枝
綵樓結在西街市　未知相府乜主意
相爺聽著就⊙當　就叫我子去梳粧
梳粧打扮上樓去　卜選天下秀才郎

4

小姐一時有主意　梳頭抹粉點胭脂

手掛玉環有一對　腳穿弓鞋三寸二
千金坐轎卜起行　母親叮嚀千萬聲
我子上樓心岸定　爾眼無珠惠心成
我子上樓未幾時　手夯清香有三枝
雙腳疊齊跪落去　全望佛祖相扶持
有好姻緣來成壽　無好姻緣放水流
那是佮我有緣分　保庇樓下得繡球
清早起來日頭紅　滿街滿巷予啥人
不覓蒙正過綵樓　小姐看君拄即到
小姐看君暗歡喜　有看魁生抱目斗

5

小姐看著心頭清　這人後日有功名
也是蒙正有才情　後面一對狀元燈
不覓蒙正遊樓來　小姐歡喜在心內
這人行路有氣概　就將繡球拋落來
就叫郎君搶繡球　你我姻緣合該收
梅香跪落稟小姐　這位郎君不通收
衣衹跪落稟⊙茶　這位良君無十齊
衫褲穿破頭梨梨　可比埕尾兩南瓜
小姐就罵歹梅香　在可講話來相想
笑阮蒙正兩南瓜　前貧後富人亦多
蒙正聽著氣沖天　樓頂嫺婢無相欺
笑我蒙正賣成器　就將南瓜來作詩

6

五常共上種金瓜　彼輪明月一鳳齊
屈在世間人可惜　日出滄山百鳥啼
小姐聽著心歡喜　良君腹內有蹺敧
梅香講話就應伊　能將南瓜來作詩
就叫老嫺緊出來　去報我爹我母知
叫伊點燈共結彩　小姐捀捀隨後來

下官入府稟相知　小姐今日選新婿
叫我點燈共結綵　小姐坐轎隨後來
相府聽著心歡喜　就叫下官我問你
繡球拋予啥名姓　全頭說出我知枝
阿官聽著咳咳笑　相府聽我說實在
佇咱府口著等待　叫伊來問你就知

7

相府彼時得知枝　坐公堂緊如箭
就叫賢婿來我問你　入來共我說透枝
姓啥　名叫啥　名姓共我相通知
免得老相府　心頭著掛疑
蒙正進堂未幾時　雙腳疊齊跪落去
跪甲頭梨梨　頭刺刺果然敢來
夯起就叫伊　相府兮　岳父兮　叫我
小人近前來　啥乜貨　全頭說出
小人便得知　相府夯頭看一見
親像埕尾兩南瓜無二字
開口就問伊　漢子兮　你是何方何人士
姓啥名叫啥　名姓共我說透枝

8

予恁尪仔某拜佛好食圓　蒙正聽著氣猜猜
講起我个名較臭屎　講起來相府
定然你無愛　男子漢　大丈夫
叫聽我改名共換姓　乎無這條代
全頭說出相府你得知　小人帶在落湯市
落湯咧豎起　姓呂蒙正人人叫我呂蒙正
呂蒙正　就是我个親名字　今日來到相府求親義
若是失教示　全頭說出相府得知枝
相府聽一見　頓腳甲咬齒　搖頭甲搬耳
氣甲口鬚騰東硯　嘴鬚仔頭翹半天

目睭白記記　目睭皮抄抄小喘氣

9

喘未離　大喘果然半天　就罵呂蒙正即不是
敢入我相府　求親義　相府一時來屎派
就罵呂蒙正即不該　敢入我相府
也敢予我做子婿　敢是我相府府塊卜敗
收你蒙正乞丐做子婿　亦無共我探聽覓
名聲予你打歹　敢弄這場獅　敢做這條代
我个親成亦卜來　論真大不該
蒙正乞食親名家　滿身帶臭氣
臭硯硯夯拐仔　倚門邊伸長手提人錢
就罵蒙正不少我不拴　敢入我相府　求親義

10

歪口雞仔皆皆想　皆皆想卜食好米
亦敢想我查某子　大大千金兒
蒙正聽著氣沖天　我相府一時面就變
念乜變按呢　念乜變按箭
相府腳踏地　頭戴天
聲聲講我話　句句掃我皮
罵我身寒兒　罵我散無錢
我這个蒙正　無錢是無錢
自少有讀聖賢書　識禮義
相府罵我無情理
綵樓是你來結起　結在西街市
予恁查某子上樓去
綵樓是你來安排　結放西街內
予你查某子上樓選尪婿　恁查某子

11

樓頂看我愛　親提繡球拋落來
拋予我這个呂秀才　敢會歹

我个文章深如海　詩句滿腹內

望卜做官共做婿　我這个敢無狀元才

當今人飼有查某子　卜招婿

講起我這个蒙正少缺人卜愛

我勸相府你免罵

下日頭插金花恁曆來　彼時你就知

我勸相府免受氣

是恁查某樓上看訂意

親提繡球予我做爲記　甘願二字

是恁查某子伊愛我　不是我這个蒙正去愛伊

也更即受氣　不是我這个蒙

12

正自做來家己　相府聽著氣猜猜

就叫老豬婆緊出來　老豬婆後面聽一見

雄雄就扒起　聽見老相府佇咧叫

無閒通放屎　行路雙手搖雙手摸

手裓就六起　褲腳就籠利　走出大廳邊

老相府　老相公　叫我啥代志

有事相通知　老相府力話就應伊　無講起　老豬婆不知枝

賜你竹杯有一枝　呂蒙正不少我不挃

將伊趕出府門去　彼百兩白銀白記記金也金

白爍爍　去共呂蒙正退親義　叫伊繡球來放離

白銀來收起　彼百兩白銀

13

提去買柴甲糴米

賭个通去做生理　做本錢　亦通娶某生子

傳伊香爐耳　那是繡球不放離　白銀不收起

恁相公十分卜受氣　佮我冤家是定然

伊無邊繡球那是不法行

阮相受氣來無情　蒙正聽著就應伊

無講老婆不知枝　講甲恁相公無情理
入府講我話　見我面搧我皮
罵我身寒兒　罵我散無錢
我今做人查埔子　甲無志氣
予伊比倫一身臭硯硯　無塊通可比

14
亦是恁千金樓頂看訂意　親提繡球爲記
甘願二字　敢是我這个蒙正自做來家己
老豬婆聽著氣沖天　就罵蒙正不少我不控
想我老豬婆仔歲頭食甲六十四
不捌即年氣　竹杯夯一枝　雙手夯起來
打死臭短命　呂蒙正走未離
這爿打過來　彼平打過去　打死呂蒙正
不省阮不控　蒙正被打心頭遭
開口就罵死老婆　老兮老天胎　賞你有通好靠
靠你身世是有老　恁相府做人埔子
講話無信聖　不有我不京

15
招伊落街講予眾人聽　恁相府彼⊙引三靴
彼馬雙人騎　一女配二子　講話無憑定
也敢甲人作老爺　蒙正被打淔淚啼
甲伊相爭是卜年　不如繡球提還伊
不免放予小姐伊身己　蒙正想着暗沈沈
看見龍銀即年金
果然動人心　人講薄薄酒食著面會紅
蒙正伸手卜皆哖　小姐樓唱不通
講著錢銀甲人換　力阮夫妻做二爿
小姐緊緊落樓去　就罵我君蒙正即不是
你今不仁甲不義　講著錢銀亦敢控
力阮夫妻拆分離　小姐一時落樓來

16
就罵蒙正不應該　看著錢銀亦敢愛
將咱尪仔某想卜分東西　蒙正聽著就應伊
無講小姐不知枝　恁阿爹十分無情理
入府講我話　見我面吵我皮
罵我身寒兒　罵我散無錢
我今予伊比評一身臭硯硯　無塊可白比
我今做人某埔子　甲即無志氣
甲伊相爭是卜年　不如球提還伊
一來免誤小姐你身己　二來亦免你阿爹塊受氣
三來通看好時共好日　再結綵樓去
再選郎君水訂你意
小姐聽著應一聲　阿君聽我說分明

17
你今做人查埔子　心頭無岸定
入府想着驚　見面就答應
不有不免驚　有事我保領
咱身公道做予正　就勸我阿君免著驚
免答應　叮嚀幾句都完備
小姐一時上樓去　老豬婆仔後面看一見
就罵臭短命　呂蒙正亦敢想卜挃
亦塊共阮小姐分袂離　正仔兮
豬婆仔一心來勸你　正仔有男對有女
阮小姐有鳥宿有枝　阮小姐金枝玉葉來出世
十分真貴氣　阮小姐食是山珍共海味
配是好肉共好魚

18
穿是網段甲紡絲　差嫺甲差兒
正仔兮豬婆仔看你即寒兒
卜配阮小姐定然是起

若是綴你去　定然枵半死
蒙正聽著氣沖天　就罵老豬婆仔老賤婢
想你有人通靠勢　奉恁相公兮來教示
打我蒙正大無理　恁相府做人查埔子
廣話無憑定　不有我不京
恁相爺廣話親像老牛塊番車
老爺佇咧哭　老豬塊喘氣
老猿塊展威　繡球佇我加諸內
卜還我就還　正仔生鳥無即榮

19
老豬婆仔聽著氣沖天　臭短命蒙正
講啥巳　想我老豬婆　歲頭食甲六拾四
不捌即年氣　竹杯夯一枝夯起起
東爿打過來　打死臭短命呂蒙正走袂
不免甲阮小姐相交纏　不小我不拴
小姐樓頂親看見　緊緊落樓來
就罵老豬婆仔老賤婢　亦敢來教示
竹杯皆夯起　打死老豬婆老賤婢
親像頂日打梅花一般年　小姐一時計有智
手牽我阿君上樓去　勸甲我阿爹心頭回近意
是咱尪仔某食百年　蒙正力話就應伊
小姐聽我說透枝

20
恁阿爹定然伊不拴　不免去求伊
恁阿爹然伊不拴　不拴不免去求伊
恁阿爹十分大受氣　小姐力話就罵伊
就罵我阿君即驚死　相府是相府
千金做你主　看卜見縣亦見府
我想阿君定然你袂輸　放久久
繡球袂臭殕　做你甲伊株　做你甲伊愈

株久久　親成胞兄有吩咐　幾句都完備
小姐一時上樓去　進堂未幾時
見著我阿爹　雙腳齊齊跪落去
頭梨梨　頭刺刺　果然不敢來夯起
阿爹聽子說透枝　人伊蒙正寒兒是寒兒

21

自小有讀聖賢詩　想伊日後會成器
勸甲我爹免受氣　是子相佮意
天地註定無差宜　註定蒙正配子兒
相府聽著有主意　就勸千金我兒
這个蒙正咱汰挓　滿身帶臭氣
臭硯硯夯椅仔倚門邊　伸長手提人錢
我子大大千金兒
總無匹配乞食親名字
恁阿爹閣看好時共好日　再結綵樓去
閣選郎君水訂子意　未知千金兒乜主意
千金力話就應伊
人伊蒙正是寒兒　自小有

22

讀聖賢詩　識禮義　文章深如海
詩句滿腹內　行路真有派
講話大氣概　人伊蒙正日後得彼狀元才
是伊綵樓來予子那看那意愛　相府聽著氣猜猜
就共我子說實在　這个蒙正定然我無愛
大大相府名聲來打歹　總無收伊乞丐做子婿
就勸千金我子兒
這个蒙正不少我不挓　你今加講是卜年
小姐聽著滴淚啼
爹你聽子說透枝　帶念你子千金兒
不出府門去　千金⊙⊙

23

天下人知枝

街市綵樓結在西街內

是爹你主意　不是你子家己愛

拋球予呂拋落來　秀才王孫公子一齊來

天下照知勸共我　阿爹著大慨

著清彩不通力子　親成來更派

是子家己愛　共汝阿爹無值代

干干我卜愛　相府聽著氣沖天

就罵千金不孝个子兒　這个蒙正不少我不拽

也敢甲我來格氣　千金我子不孝義

不拽著不拽　敢著予子你主意

蒙正乞食子　我子配伊歹名聲

24

我子汝若愛拽　做你綴伊去

卜去金器著擘起　衫褲脫利利

脫甲無半絲孤　庭甲單衣即做

你綴伊去雙人　不少我不拽

你今緊緊著出去　千金想着那傷悲

我爹不仁甲不義　單生一子亦敢講不拽

恨來甲恨去　恨我命歹來所致

就勸我爹免愛氣

已然汝若無拽　衫褲擘還你

人說綴雞綴狗走　綴乞食甘願提加諸斗

干干我卜走　老夫人聽一見

不知啥大代志　來去

25

看覓便知枝　行路雙手撲

行到千金伊身邊　看見千金我子兒

金子啼吼啥代志

著共你母說透枝　千金跪落稟母親

一日夫妻百年因　你子上樓選秀才

繡球拋落來　拋乎呂秀才

阮阿爹受氣廣無愛　人伊蒙正亦袂歹

行路眞有沛　講話有氣概　文章深如海

詩句滿腹內　日後得彼狀元才

對子綵樓來　予子那看那意愛

夫人近前來勸相公　咱子聲聲句句有所望

打閣先不通

26

我勸老歲著秤彩　不通甲子來更派

咱子綵樓卜愛　不通化更沛

單生一子亦通傳後代　相府聽著

氣沖天大罵夫人講啥乜

蒙正不少我不挃　夯拐仔倚門邊

伸長手提人錢　我子親成去配伊

臭甲無塊通可比　若是伊愛挃

做伊綴伊去　定然我不挃

加講是卜年　夫人聽著心頭悶

相公講話即溫呑　食人頭杯酒　講人頭句話

入朝見聖君　官居極品講袂準

不合外頭人議論

27

萬歲殿前請聖旨　文武百官就知枝

百姓有看見　千金咱子兒上樓去

繡球拋予伊　拋予蒙正親名字

按怎講不挃　人人講你無情理

不情甲不義　欺夫蒙正身寒兒

相府聽著面帶紅　就罵夫人不是人

講話挨我个骨縫　眞眞不是人

火燒孤寮全無望　挑水呑海無彩工
不是我塊講　看你袂成人　我子不孝義
做你綴伊去　夫人就罵死千歲
繡球抛落來　話即亂亂說　子兒飼大漢

28
卜招婿乎你子去主裁　相府聽著氣沖天
就罵夫人老賤婢　千金亂做大不是
你敢共伊開生意　連你憨不挃
緊緊退一邊　就叫千金我子兒
蒙正咱汰挃　不免你阿爹塊受氣
小姐聽應一聲　母親聽子說分明
姻緣亦是天註定　好歹是子八字命
叫我故束永不成　夫人聽著那傷悲
就勸千金我子兒　你阿爹定然是不挃
做你綴伊去　你母無法伊　這馬母子拆分離
不知何日得相見　目屎湖目墘
見拭都袂離　相府一時氣沖天

29
賜你竹柸夯一枝　千金我子兒不我不挃
共伊趕出府門去　不免佇我大廳滴淚啼
不免打衰氣　因爲蒙正來所到⊙
趕出府門去　老豬仔聽著心歡喜
竹柸夯一枝　賞你小姐頂日會打我
今日我打伊　冤仇有報眞歡喜
雙腳趙半天　行路緊如箭
行到小姐面頭前　看見呂蒙正
竹杯夯亭亭　打死臭短命呂蒙正
二人共你趕出去　府門來閂起
門閂落去小姐被打滴淚
我爹無情共無義　小姐出去是出

30

錢銀恰多過盤伊　　那是無金甲無銀
是我較歹運　　我亦情本份
不敢甲爹你輕分　　阿爹大厝五落起
門柱分南石　　打甲有枝共有葉
這馬乎伊趕別位　　卜起一塊亦恰水
七落九間起　　起起做一⊙
雙龍吐珠兩手隨　　大厝比你較治定
厝前掛起狀元燈　　比你較大間
即知我阿君有才情
八月十五是中秋　　千金小姐拋繡球
繡球拋落呂蒙正　　爹親打子去⊙流
蒙正看著面帶紅　　綴我來去不成人

31

就勸小姐敢不通　　無彩小姐好花叢
小姐聽著就應伊　　無嫌我君身寒兒
阿君緣分我甲意　　甘願綴君你來去
再勸小姐敢不通　　綴我定規不成人
綴我來去半食餓　　無彩小姐好花叢
小姐聽著心頭遭　　就勸我君免煩惱
阿君佮我情意好　　甘願綴君受夭餓
夫妻趕出相府門　　小姐看君心頭酸
君你先行稍等待　　小姐寬隨後來
雙人行到柴橋頭　　小姐看君目屎流
自恨我爹無痛子　　將子打甲外庄頭

32

蒙正近前來勸伊　　勸共小姐免切啼
就將繡球提還你　　予你再選好子兒
小姐力話就應伊　　阿君講話即不是
君你過橋代先去　　你今才講是卜年

蒙正過橋在橋西　　手邊柳枝貧落來
蒙正伸拐小姐岸　　小姐過橋著寬寬
小姐過橋無回頭　　無彩我爹結綵樓
郎君是我家己選　　繡球是我親手拋
柴橋過了行小路　　弓鞋短歲袂⊙⊙
目屎落憂憂苦　　我今腳痛袂行路
小路過了大路邊　　小姐衫褲朝草籽
小籽廚著即年痛　　腳酸手軟無愛行

33
蒙正近前勸小姐　　小姐聽我說分明
咱今路邊且宿眠　　草籽挽了閣再行
大路過了大廟邊　　夫妻入廟獻紙錢
全望佛祖相保庇　　保庇我君出頭天
雙人下好出廟門　　小姐想着心頭酸
阿君恁厝抑外遠　　腳骨行著即年酸
蒙正力話就應伊　　小姐聽我說透枝
阮厝閣行無幾里　　無廟艱苦罔來去
大廟過了北山埠　　小姐看著那傷悲
四面樹林滿滿是　　坑溝石頭向青苔
小姐行到北山腳　　腹肚又枵口又乾
自恨我爹無痛子　　將子打甲入樹林

34
小姐行到北山嶺　　山嶺石頭路歹行
蒙正近日牽小姐　　小姐腳痛寬寬行
山嶺過了北山頂　　四面風吹即年冷
為著繡球即僥倖　　也是我爹做絕情
小姐想着淚盈盈　　目屎流落滿胸前
意著我君呂蒙正　　孤衫孤褲無通穿
蒙正聽著目屎流　　就勸小姐不可吼
小姐敢會即愛吼　　予我想亂抄抄

小姐聽著應一聲	無講阿君不知影
我身想着即歹命	枉我出世做小姐
雙人行到破窯邊	蒙正想着心無意
今無大厝見笑死	就⊙破窯再伊持

35

今無大厝通好⊙	我著用計騙小姐
蒙正一時有主意	就共小姐說透枝
漸且破窯安身己	帶著破窯過一暝
小姐聽著應一聲	阿君說話訂我聽
我今行著腳即痛	破窯宿眠即閣行
小人大厝亦未到	漸宿破窯且崁頭
等得阮厝若行到	小姐你即住阮兜
夫妻行到破窯堂	將草丕開通做門
蒙正窯內緊怕斷	緊卜提草做眠床
蒙正想着亂抄抄	並無半頂家松頭
今來無被通好蓋	手提石古做枕頭
小姐看着心頭酸	目屎流落割心腸

36

今日無食一半頓	餓著腳骨巢巢酸
日落不覺是暝昏	小姐煩惱割心腸
今日煩惱袂得暗	今暝煩惱在得光
蒙正聽著就應伊	我勸小姐無傷悲
我今清早落街去	分有米飯你止飢
雙人坐落破窯內	小姐若切無人知
阿君你我眞意愛	今來艱苦淚哀哀
蒙正聽著心頭酸	就聽小姐緊來眠
小姐當初你愛我	今來啼吼眞溫吞
雙人倒落在草堆	小姐目屎湳淚垂
枉阮家中塊富貴	今來艱苦眞克虧
雙人眠甲天光時	聽見山腳雞聲啼

37

小姐爲君那傷悲　　無被通蓋冷薜薜
小姐眞意著我　　綴我破窯受杬寒
無被通蓋呸呸掣　　佮我相攬甲相瞞
清早起來天光時　　小姐共君說透枝
咱今無柴又無米　　未知我君乜主意
就勸小姐免心酸　　我即落街分米飯
分有米飯我提返　　卜予小姐止腹腸
拜別小姐出窯前　　小姐看君一對燈
我君日後有功名　　後面一對狀元燈
蒙正行到大街市　　了然請伊做離書
蒙正離書共我寫　　二兩白銀做工錢
蒙正聽著就應伊　　按怎恁某講不挃

38

敢是朋友失教示　　全頭說出我知枝
講甲阮某食不乾　　一日食飽不縛腳
二隻腳骨成火納　　身軀無洗眞阿查
阮某攬爛眞驚人　　港年不捌梳頭鬃
厝內全無顧半項　　椅桌相似屎池板
阮某懶爛眞不好　　切菜用手免用刀
煮甲歸叢共歸抱　　予我先食就袂落
亦無共我顧身份　　泔滾烏烏成火燻
蒙正聽著心頭頭　　朋友講話即凸風
恁某懶爛亦敢講　　你講个話無正宗
了然聽著就應伊　　蒙正聽我說透枝

39

有影懶爛即講起　　我若哮哨眞無理
蒙正聽著笑下下　　敢是無米飼袂飽
不入糶米甲寬柴　　嫌伊懶爛較阿查
了然聽著微微笑　　你講个話界不對

厝邊頭尾不敢笑	阮厝个米糴歸石
蒙正聽著笑微微	恁厝呆某罔教示
若是無柴甲無米	你著骨力去趁錢
了然聽著氣沖天	朋友講話我氣死
我有歸石个白米	按怎無米通好飼
蒙正聽著笑咳咳	當初是恁相意愛
今來嫌伊宰樣歹	較歹也个顧家內
了然聽著應一聲	歹某無娶有較閒

40

我今離書叫你寫	那不別位閣再請
蒙正聽著笑微微	就勸朋友免受氣
那卜賣某換字姓	恁某懶爛無人控
了然聽著應一聲	你廣這句上有影
阮某懶爛人知影	今那卜賣著改名
蒙正力話就應伊	今卜賣某換許天
改名許天好名字	恁某卜賣即不離
了然聽著笑咳咳	許天下名都袂歹
阮某爛爛人人知	改名卜賣人即愛
蒙正一時有主意	予夯紙單寫離書
尪某二人相格氣	今卜拆散賣了離
蒙正腹內有蹺攲	寫有一篇个離書

41

不是許天無才調	眞眞歹柴不可朝
不是驚伊食了米	按怎雙人待袂住
蒙正看著面帶紅	寫這離書卜賣卜
命運催排帶賣透	離書寫好提去交
許天賣某眞認眞	腳印當好當手印
啥人卜買著較緊	許天賣某上認眞
蒙正離書寫完備	就叫朋友來收豈
離書共你寫完備	提去賣某無延遲

許天看書笑微微　呵咾蒙正賢寫書
離書寫甲這完備　二兩白銀做工錢
蒙正接銀笑微微　敢是小姐有福氣
白銀提返通買米　二人先餓都袂死

42

蒙正接銀笑咳咳　今著緊返破窯內
小姐福氣就袂歹　今日落街得著財
蒙正返來破窯前　小姐著君一腳燈
敢是我君做僥倖　一對明燈賭一爿
蒙正行入破窯內　看著小姐笑咳咳
今日分到大街市　二兩白銀提返來
小姐聽著就問伊　阿君你來我問你
清早我君落街去　敢有白銀不真奇
蒙正聽著就應伊　朋友請我寫離書
離書共伊寫完備　二兩白銀做工錢
小姐聽著滴淚啼　阿君做人上呆痴
共寫離書歹代志　歹代下个我不挓

43

蒙正聽著笑咳咳　小姐講話上痴呆
按怎講我做歹代　有个通提講無愛
小姐聽著淚哀哀　阿君聽我說分明
共寫離書做僥倖　害了尪某做二爿
蒙正聽著嘴開開　想我一時即類堆
彼時卜寫想無到　寫好無步通改為
小姐聽著笑微微　阿君你來我教你
後擺無做這代志　甲你落街討離書
蒙正聽著笑咳咳　小姐有計講出來
後擺不敢做這代　若做這事予你獅
千金聽著就教伊　君你較緊落街市
皆講減寫三年　聽伊提來閣再添

44

伊那離書想出來　　共伊食落腹肚內
接講白銀阮無愛　　寫了離書作了代
呵咾千金賢用計　　曉理小姐賢岸家
用甲一計即好勢　　手夯拐仔再落街
蒙正一時到西街　　聽見許天唱三回
若是啥人愛卜賣　　阮厝水某卜來賣
蒙正聽著笑微微　　眾人三八半頭青
無叫媒人代先講　　賣某落街亂亂崇
蒙正近前來勸伊　　朋友卜賣慢且是
離書欠寫二三字　　緊緊提來予我添
了然聽著大聲應　　離書欠寫無要緊
有當腳印共手印　　我今不卜太認真

45

蒙正聽著笑微微　　無添歹某賣賣去
減寫你个親名字　　名字無寫無人挓
了然聽著笑咳咳　　你講這句上實在
無寫名字在書內　　你若無講阮不知
蒙正一時就講起　　今著較緊提來添
名姓共你添完備　　若是卜賣隻提去
蒙正用計伊不知　　了然離書提出來
蒙正伸手共伊接　　趕緊食落腹肚內
了然看著苦傷悲　　就罵蒙正即不是
離書共我食落去　　害我歹某賣袂離
蒙正聽著笑咳咳　　朋友啼吼是卜內
恁某呆歹著罔愛　　較歹亦个顧家內

46

蒙正白銀提還伊　　就叫朋友緊來接
恁厝歹某罔教示　　是我好話塊勸你
了然接銀不作聲　　緊緊日頭做伊行

這个蒙正臭小子　離書騙我無落名
蒙正離書提返來　緊緊行到破窯內
小姐氣我做歹代　我今離書提返來
蒙正返來破窯前　小姐看君一對燈
一對明燈在後面　敢是離書討有成
蒙正返來破窯內　全頭說出小姐知
今日離書討返來　我今無做僥倖代
小姐力話就應伊　離書討返我歡喜
咱今無柴甲無米　未知我君乜主意

47

蒙正聽著心頭遭　就勸小姐免煩惱
當初卜來我有講　有時通食有時無
小姐聽著苦傷悲　我今天餓面青青
尪某雙人無舍世　腳手消瘦成柴枝
蒙正力話就應伊　我勸小姐無切啼
自恨命歹來所到　有時罵會出頭天
小姐聽著心肝難　餓甲腳手即消瘦
亦無親成來助咱　一日三頓真長難
蒙正聽著就應伊　我勸小姐無傷悲
等我較停落街市　表兄借錢通糴米
小姐煩惱頭殼玄　阿君借个著較緊
我君講話有信憑　你今去著認真

48

蒙正聽着心歡喜　手夯拐仔甲加諸
一時趕緊落街市　卜共表兄伊借錢
一个表兄塊開店　這人無情甲無義
蒙正因姑親生子　算來蒙正因表兄
蒙正行到伊店內　看見表兄笑微微
表兄面色變這歹　敢是氣我蒙正來
表兄看著氣沖天　蒙正你來是卜年

來這打歹我名字　　啥人是你表兄弟
看見表兄這歹面　　表兄無情甲無親
看我蒙正這孤貧　　當初我亦助贊恁
表兄聽著侏侏跳　　就罵乞食無臭消
入我店內都慘了　　欠我共你柯課吞

49

就叫辛勞來趕伊　　將伊乞食趕出去
一个乞食無情理　　分無共我塊激氣
小生塊叫人無聽　　蒙正就我表兄
卜借不借隨在你　　亦使共我趕出埕
表兄聽著罵蒙正　　一个做人無路用
本成有春當那千　　今來開了這年貧
蒙正聽著心頭悶　　表兄聽我說分明
是我蒙正恰運　　不是袂曉通惜銀
表兄聽著就罵伊　　就罵蒙正較無理
家伙開甲無半絲　　也敢閣來卜借錢
欺貧顧富真不好　　欺天蒙正半項無
我身那想那鐵套　　甲講先借嘛是無

50

今日借無我就返　　不免甲講心頭酸
蒙正這馬出門去　　不敢閣入你店門
表兄聽著氣猜猜　　蒙正不來你就汰
你若無來無煩惱　　後擺閣來煞借無
蒙正受氣出店前　　是我一个無路用
甲人借錢人不肯　　予人趕出在店前
蒙正出來在店內　　我个一去無回頭
頭殼梨梨緊行走　　借無个人亂抄抄
蒙正回返破窯內　　全頭說出小姐知
恨我蒙正命較歹　　無講小姐你不知
小姐聽著就問伊　　阿君你來我問你

清早我君落街去　　返來即氣是年

51

蒙正聽著就應伊　　去予表兄伊嘲皮
表兄無情甲無義　　比論蒙正身寒兒
小姐聽著勸阿君　　就勸我君免心悶
伊今不量不借咱　　不是蒙正塊無運
我君不通想怨恨　　有福免驚無毛食
好歹是咱个字運　　小姐就勸我阿君
蒙正聽著應一聲　　小姐塊勸我有聽
好歹是人八字命　　不通怨恨咱表兄
蒙正想着心頭酸　　日落西角是暝昏
三頓無食腳手軟　　一暝無睏到天光
小姐想着這悽慘　　我母若知會毋甘
今日餓甲即⊙淡　　心中消坐目瞈蚶

52

雙人相隨上草堆　　目屎流落滿面垂
坐落草堆喘大氣　　想無匕路通功為
雙人睏去在草內　　一暝想東甲想西
四面大風吹入內　　十分艱苦無人知
清早起來天光時　　就共我君說透枝
咱今無柴甲無米　　緊去分來無延遲
蒙正起來割心肝　　想着此風即年寒
落霜落雪也未散　　落霜雪凍滿此山
蒙正行去破窯外　　腳骨凍甲呸呸掣
無衫通穿寒死我　　出門行路眞有⊙
二人艱苦在破窯　　也無泔粥通食燒
想着小姐眞可惜　　朋友自咱全頭著

53

小姐爲我這歹命　　分有泔粥我緊行
蒙正行入破窯內　　全頭說出小姐知

我今清早落街內　分有西瓜提返來
小姐聽著就問伊　敢有西瓜不眞奇
蒙正聽著就應伊　這陣不是西瓜時
鄉庄西瓜達達鄭　六月西瓜賣袂離
阿君串講哮哨話　哮哨个話講即多
這號多天个時節　按怎有人放西瓜
蒙正聽著笑咳咳　我若無講你不知
即冷卜賣無人愛　放久若爛眞無彩
小姐聽著想有氣　西瓜來食全是水
我君講話這類追　食著西瓜這个肥

54

蒙正聽著就應伊　小姐聽我說透枝
西瓜來食餓袂死　今著較早緊來去
拜別小姐就起行　較緊來去北山嶺
腹肚枵甲凹到這　卜分西瓜返來食
一程過了又一程　分到樂暢面頭前
這人共伊分眞肯　惜我艱苦呂蒙正
蒙正就叫樂暢姐　西瓜一粒我止飢
腹肚枵甲塊卜死　你看替我那傷悲
樂暢聽著應一聲　蒙正聽我說分明
西瓜一粒予你食　你著唸歌予我聽
蒙正聽著應一聲　樂暢聽我說分明
西瓜一粒予我食　我即唸歌予你聽

55

樂暢聽著笑微微　一時行入大廳邊
緊緊西瓜提出去　卜予蒙正通止飢
蒙正聽着心歡

附錄七　自藏手抄本照片

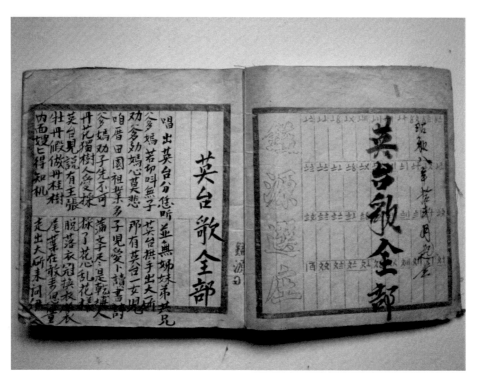

自藏手抄本甲《三碧英台全歌》首頁

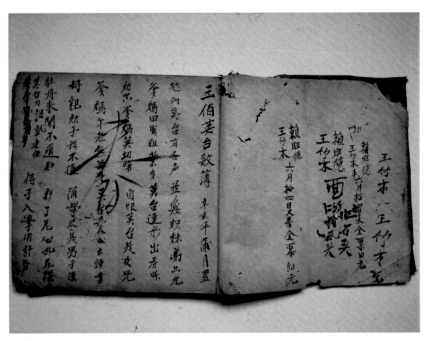

自藏手抄本乙《三伯英台歌簿》首頁

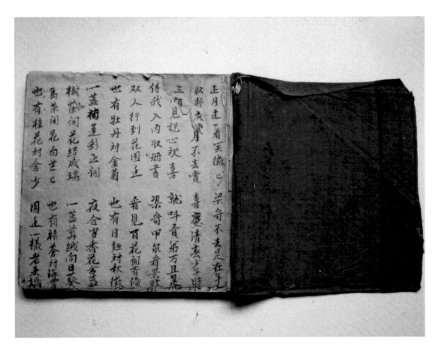

自藏手抄本丙《英台三伯簿》首頁

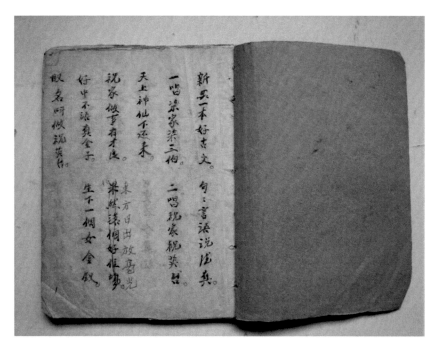

自藏手抄本丁首頁（無題，內為「梁祝故事」）

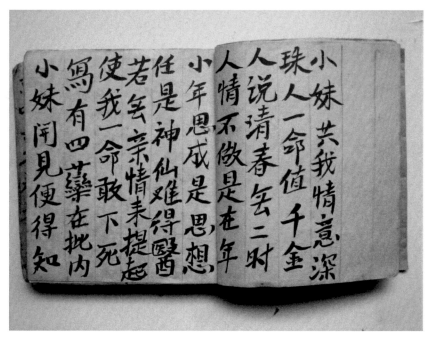

自藏手抄本戊《三伯英台》首頁

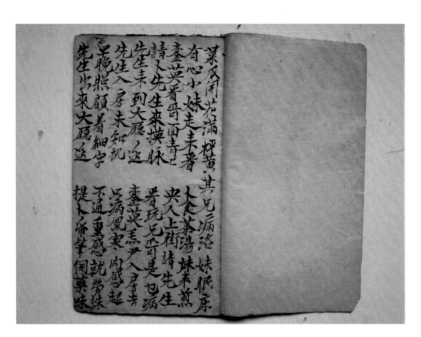

自藏手抄本己《菜瓜鸎英為夫守節歌》首頁

附錄八　說唱者及相關照片

說唱者：楊秀卿（2011 年）

說唱者：王玉川（2011 年）

說唱者：鄭來好（右二）、陳寶貴（右三）（2007 年）

說唱者：陳美珠（左）、陳寶貴（右）（2011 年）

說唱者：邱鳳英（右）及其唱片

說唱者：黃秋田及其唱片

楊秀卿於自宅教導學生唸歌（2011年）

唸歌傳承者：葉文生，師承楊秀卿（2011 年）

唸歌傳承者：鄭美，師承楊秀卿（2011 年）

「洪瑞珍唸歌團」演出海報（2007 年）

「楊秀卿說唱藝術團」演出海報（2011 年）